Guide anti-stress de l'enseignant

La ***Chronique Sociale*** est à la fois un organisme de formation et de recherche et une maison d'édition. Fondée à Lyon en 1892, elle s'est préoccupée dès ses origines de sensibiliser aux évolutions de la société et de suggérer une organisation de la vie collective, plus solidaire et plus respectueuse des personnes.

Actuellement, les ***Éditions de la Chronique Sociale*** publient des ouvrages et des jeux pédagogiques qui contribuent à mettre en œuvre ces orientations. Issus de pratiques professionnelles et sociales, ils sont au service de tous ceux qui s'efforcent de mieux comprendre le monde.

Chacun pourra s'approprier ces outils et les utiliser, tant pour son développement personnel que pour une action collective efficace.

Couverture : Sur une proposition de l'auteur
Responsable des Éditions : André Soutrenon
Correction : Gérard Briotet

Imprimeur : Dumas-Titoulet Imprimeurs

Chronique Sociale, Lyon, Dépôt légal : septembre 2006
N° imprimeur : 44477 B
Imprimé en France

Maryse Isimat-Mirin

Guide anti-stress de l'enseignant

Savoir communiquer

l'essentiel

Chronique Sociale
7, rue du Plat - 69002 Lyon
Tél. : 04 78 37 22 12

Remerciements

L'auteur remercie tout particulièrement les personnes suivantes qui ont collaboré de près ou de loin à l'élaboration de cet ouvrage :

- *Mme Geneviève Manent, relaxologue spécialiste de la relaxation pour enfant et adolescent ;*
- *Mme Claudine Vidil, pour son courage et sa ténacité, co-intervenante des stages durant plusieurs années ;*
- *Mme Dursus Agnès, membre fondateur de l'association Bien-être et Éducation ;*
- *tous les professeurs stagiaires, y compris ceux des équipes éducatives pour les expérimentations faites au Lycée général et technologique de Baimbridge, entre 1995 et 2005 ;*
- *sans oublier l'esprit novateur de l'équipe administrative du lycée et des écoles concernées (CPE, Proviseur et Proviseurs-adjoints, directeurs) sans qui aucune expérimentation n'aurait pu avoir eu lieu en faveur des élèves et des professeurs, bref tous ceux qui ont donné vie à cet ouvrage et qui auront aussi permis la publication du futur ouvrage à paraître sur la relaxation à l'école ;*
- *Enfin, une pensée chaleureuse ira à mes chers élèves qui, à travers toutes leurs difficultés, ne cessent de me révéler à moi-même.*

Maryse Isimat-Mirin

Guide anti-stress de l'enseignant

Enseigner, éduquer : un métier passionnant, mais difficile

Beaucoup d'entre nous, enseignants et éducateurs nous sommes retrouvés de nouveau, non pas sur, mais devant les bancs de l'école par vocation, avec un idéal : contribuer à l'éducation des jeunes, porteurs d'un avenir nouveau.

D'autres, il faut bien le dire malheureusement, se sont trouvés dans cette voie par manque de perspectives ou de débouchés professionnels. Mais dans la plupart des cas, chacun de nous s'est engagé, plein de courage, avec l'espoir de remplir une mission éducative simple : transmettre le savoir.

Mais pas si simple ! quand il faut, même par vocation, être confronté à des élèves souvent trop nombreux ou qui n'ont pas forcément le goût ni l'envie d'apprendre ; ces derniers étant eux-mêmes souvent les victimes d'un système rigide ou mal adapté. L'enthousiasme ou l'espoir des premiers temps a donc rapidement tendance à s'effriter face aux manques persistants :

- manque de reconnaissance et de soutien et ceci souvent de la part de l'administration ;
- manque de moyens matériels ;
- manque de gratitude de la part des élèves.

C'est ainsi que l'enseignant le plus zélé, ne se sentant ni compris ni reconnu par son entourage, finira par remettre en question sa vocation, son utilité professionnelle, voire même sa place dans la société.

En effet, avec les années qui passent, quand on a tout essayé et donné le meilleur de soi-même, la bonne volonté et l'enthousiasme s'essoufflent peu à peu. Notre idéal éducatif en prend en coup, nous devenons moralement et physiquement plus vulnérables face au stress de tous les jours.

De la déprime passagère à la dépression en passant par tout le cortège des somatisations possibles, nombreuses sont les réponses de notre organisme aux agressions du monde de l'école ; que nous soyons jeunes ou anciens dans la profession. Il n'est d'ailleurs pas rare à l'heure actuelle de voir de jeunes enseignants placés dans des zones sensibles, démunis face à la violence et au stress, remettre leur choix professionnel en question dès la première année de mise à l'épreuve.

Effectivement enseigner n'est pas une sinécure ! Ce serait plutôt un sacerdoce par les temps qui courent, car dans certaines banlieues des grandes métropoles, une prime de risque serait parfois nécessaire !...

Quel que soit l'établissement fréquenté, on ne peut plus se contenter de transmettre uniquement le savoir aux élèves : selon la situation, l'enseignant doit maintenant savoir parfois se substituer au psychologue, à l'assistante sociale, voire aux parents parfois défaillants. Or, il n'a pas été préparé à ces multiples fonctions.

En même temps, il faut boucler le programme, et cela relève de l'impossible dans certaines classes d'élèves en difficulté. Ceci explique quelque peu le sentiment d'échec ou d'inadéquation ressenti par beaucoup d'éducateurs et d'enseignants de nos jours.

À ces sentiments générateurs de mal-être se rajoutent la fatigue, le bruit ambiant, les problèmes de communication avec l'équipe éducative ou l'administration. Sans oublier, les soucis personnels que chacun tente de gérer comme il peut.

Introduction

Il arrive dans la vie que l'on passe par des moments plus difficiles que d'autres. Pour nous enseignants, éducateurs, il est alors indispensable de gérer notre stress face à un public vulnérable. Apprendre à rester calme et serein, prendre du recul, retrouver la confiance et l'estime de soi, améliorer ses rapports professionnels (élèves/collègues), etc…

Le but de ce guide est de vous aider pas à pas, de vous accompagner dans les moments difficiles ou tout simplement dans votre quête quotidienne de sérénité et d'évolution. Vous trouverez :

- des réponses appropriées à chaque situation, et à votre cas personnel
- des méthodes pour acquérir des réflexes nouveaux afin de vous réapproprier le bien-être mental indispensable à toute fonction éducative.

Pour ce faire, nous nous proposons de vous accompagner le long des chapitres suivants séparés en deux parties principales :

Première partie **: Enseigner dans la sérénité**

Deuxième partie **: Se détendre à la maison et à l'école : exercices corporels**

La première partie commence par des tests simples de connaissance de soi et se termine par une feuille de bilan libre ; une feuille de notes, vous permettra de faire une mise au point et des choix personnels.

Ensuite, vous trouverez un guide pour vous aider dans votre démarche de bien-être mental.

La deuxième partie vous proposera une démarche corporelle sous forme d'exercices simples et pratiques à expérimenter au quotidien.

Avertissement

Le titre de cet ouvrage fait référence aux stages et expérimentations qui lui ont donné lieu ; expérimentations faites en Lycée et en école primaire par des équipes éducatives d'élèves en difficulté, et stages intitulés : « Se détendre pour mieux enseigner » niveaux 1 et 2 (niveau 2 : « Se détendre pour mieux apprendre », à paraître aux mêmes éditions)

Ces formations sont destinées aux enseignants de l'Éducation nationale sur demande des équipes éducatives au niveau des collèges et des lycées.

Cependant le contenu de l'ouvrage ne relate pas entièrement le contenu pratique des stages.

Ces stages ont été initialement mis en place par deux professeurs certifiés du secondaire :

- Mme Claudine Vidil, professeur d'éducation physique et sophrologue ;
- et Mme Isimat-Mirin Maryse, professeur d'anglais et psychorelaxologue.

Ajoutons encore que Mme Claudine Vidil est à l'origine du titre de l'ouvrage, et qu'elle est maintenant missionnée par l'Académie de la Guadeloupe pour effectuer les stages du même intitulé.

Ce livre lui est particulièrement dédicacé.

Première partie

Retrouver le plaisir d'enseigner dans la sérénité

Une société en pleine mutation face au malaise des jeunes en difficulté, un système d'enseignement public mal adapté, des professeurs mal préparés aux aléas du métier : autant de facteurs qui dévalorisent le statut d'enseignant.

Or tout être humain a besoin de se sentir utile à la société ; un professeur qui ne se sent pas respecté, qui a perdu la joie de communiquer, qui ne peut pas exercer dans la sérénité, perdra motivation, confiance et estime de soi.

Face à l'agressivité, la violence verbale (et même parfois physique) qu'ils doivent parfois subir, nombreux sont les enseignants qui ne réagissent plus eux-mêmes que par l'agressivité, le découragement ou la dépression.

Il est donc impératif de trouver en priorité des remèdes simples et positifs pour lutter contre le stress de l'école au quotidien.

Beaucoup d'enseignants désorientés par la morosité et le stress se posent les mêmes questions, sans pouvoir y répondre :

En effet, que faire quand on a perdu le plaisir d'enseigner ? (et que parfois même on ne l'a jamais trouvé !)

Que faire pour retrouver la sérénité, le courage et la confiance de nos débuts professionnels ?

Que faire pour rester motivé (et donc motivant) toute l'année scolaire ?

L'auteur de cet ouvrage vous propose ici quelques réponses à ces questions. C'est à partir de recherches, de rencontres avec des professeurs, lors de stages de formation dans l'Éducation nationale menés sur le thème de la détente et du développement personnel, que se sont élaborées ces réponses.

Chaque enseignant ou éducateur y puisera les idées de son choix pour se re-motiver, et même se détendre le cas échéant.

Voici donc le programme d'accompagnement qui vous est ici proposé : Oser se remettre en question, oser le bien-être pour retrouver un nouveau souffle et puiser de nouveau dans ses propres ressources intérieures.

Oser le changement

Nous commencerons par aborder la question du changement par une série de questionnaires destinés à faire un bilan personnel et à définir vos propres objectifs. Cela vous aidera à appréhender plus facilement la notion de changement. Car il ne suffit pas de faire un état des lieux ; il faut savoir reconnaître et gérer les résistances au changement afin d'aller plus loin en faisant des choix pertinents. Nos réflexes de protection nous sont parfois si familiers que n'y prêtons plus attention. Les questionnaires proposés ci-après seront l'occasion de refocaliser notre attention sur les petits détails révélateurs de stress.

Oser la nouveauté dans sa vie d'enseignant

Certaines idées suggérées dans les chapitres suivants vous sembleront peut-être farfelues ou absurdes mais après tout pourquoi ne pas ***oser*** sortir des sentiers battus en essayant quelque chose de nouveau ?

Certes, l'idée de la nouveauté n'est pas toujours la bienvenue car elle exige un certain effort de notre part ; il s'agit d'oser lâcher quelque chose de connu, qui, quoique négatif, nous est familier donc assez confortable, pour aller à la rencontre d'un état inconnu. Or qui dit *inconnu*, sous-entend *prise de risques*, ce qui, selon l'individu, fait surgir des sentiments de peur et des résistances plus ou moins grandes.

Malheureusement, il est vrai que les habitudes nocives (en particulier celles de notre hygiène de vie) sont celles auxquelles nous tenons le plus et qui perdurent ! c'est ainsi que beaucoup attendent d'être arrivés au bout du rouleau avant de passer à l'action : il faut alors avoir recours à un professionnel de la santé.

Changer de vie, renoncer à certaines manies, à ses manières de faire ou de penser n'est donc pas chose aisée, mais peut être facilitée par l'apport de la relaxation ; d'où l'idée d'introduire aussi des exercices de détente et de respiration.

Rien n'est magique, et paradoxalement en matière de bien-être plus qu'ailleurs, il faut du courage et être prêt à laisser ressurgir le mal-être pour l'évacuer.

Le bien-être durable s'installera avec un peu d'entraînement et de volonté. Heureusement, ces dernières qualités s'avèrent rapidement payantes en matière de détente, d'autant que le bien-être acquis sera à la fois physique et mental.

N'hésitez donc pas à oser le changement car il est toujours gratifiant de *faire de la place pour du neuf dans sa vie* de prof ou d'éducateur.

Cet ouvrage ne prétend pas remplacer une démarche auprès d'un thérapeute ; il se veut être un guide personnel pour accompagner l'enseignant sur la voie d'une amélioration de ses conditions de vie…

De fait, dans la plupart des solutions proposées au cours des chapitres suivants, il s'agira surtout de mettre en pratique des suggestions de *savoir-être* accompagnant un *savoir-faire* afin de prendre soin de soi au quotidien.

- « Quoi changer et que faire pour changer ? » :

La réponse à cette question passe par le vieil adage : *« Connais-toi toi-même »*… À chacun de nous donc de faire le point en nous en observant avec franchise.

Faisons le point : auto-observation

Qu'est-ce que le stress ?

- Ce mot d'origine anglaise est synonyme de tension, d'effort et de résistance.

Très à la mode, et de ce fait assez galvaudé, le terme de « stress » est souvent mal défini. Car il désigne souvent à la fois la réaction, la situation d'inconfort (c'est-à-dire la réponse du corps à l'agent agresseur), et le facteur de stress lui-même (le processus de déstabilisation, le phénomène déclencheur). Pour simplifier, on dira que le stress désigne l'état dans lequel nous nous trouvons, l'ensemble des phénomènes de réaction face à une agression extérieure (conflits avec nos désirs ou nos modes d'existence et d'équilibre propres).

Ainsi, tout déséquilibre occasionné par un événement ponctuel ou répété, sera vécu comme une situation de stress par un individu. En réponse à cette agression extérieure ce dernier va alors réagir par différentes manifestations corporelles et/ou émotionnelles qui lui seront propres.

Chacun de nous s'organise différemment et développe des réactions spécifiques selon son vécu : problèmes physiques et émotionnels accumulés depuis l'enfance, problèmes personnels et professionnels, mauvaise hygiène de vie, etc... Ainsi chaque individu donne ses propres signaux d'alarme (de réaction) en fonction de ses faiblesses personnelles.

Par mesure de simplification, nous utiliserons ici le terme de « signal d'alarme » dans les questionnaires afin de désigner toute forme de réponse à un élément déclencheur de stress.

Questionnaires d'auto-observation

Pour apprendre à gérer nos stress de prof, il faut d'abord savoir *comment et pourquoi* ils se manifestent ; les questionnaires suivants devraient nous permettre dans un premier temps de reconnaître les situations génératrices de stress au quotidien, puis de décoder nos signaux d'alarme. La moitié du travail de gestion du stress s'effectue dans un premier temps à travers l'observation de soi, ainsi que la reconnaissance de ses situations de mal-être.

Soyons donc honnêtes envers vous-mêmes !

Commençons par un petit *test d'auto-évaluation* :

Comment gérez-vous votre stress de prof ?

Les comportements suivants vous sont-ils familiers ? entourez votre réponse : plutôt tendance au comportement ‘ a ‘, ou plutôt tendance au comportement ‘ b’ ?

1. Vous avez subitement accumulé plusieurs paquets de copies à corriger :

a. Vous vous plaignez, vous paniquez, et passez 2 ou 3 nuits de suite à corriger ; mieux vaut en finir tout de suite pour ne pas prendre de retard.

b. Vous décidez du plus important à faire, vous planifiez et étalez votre travail tranquillement.

2. Dernièrement, vous vous êtes fait agresser verbalement par un élève :

a. Vous avez répondu très fermement mais calmement, avant de reprendre le cours.

b. Vous avez violemment répliqué, et ressassé l'événement des jours entiers. De plus vous ne supportez plus cet élève !

3. Vous avez été l'objet de critiques de la part d'un collègue ou d'un supérieur :

a. Vous vous plaignez à quelqu'un d'autre : votre compétence n'est jamais reconnue !

b. Vous décidez de vous expliquer franchement avec l'intéressé : il a peut-être mal compris l'affaire.

4. C'est la fin du trimestre, vous vous sentez de plus en plus fatigué :

a. Pas question de prendre du temps pour vous : « je ne peux pas, j'ai trop de copies à corriger, et en plus je n'ai pas fini le programme ».

b. Ce soir, vous décidez de vous coucher plus tôt et de vous détendre un peu pendant le week-end.

5. Vous êtes en train de préparer un exercice ou une leçon en fin de soirée et vous avez un soudain « coup de barre » :

a. Vous sortez pour respirer ou marcher, vous faites quelques étirements ou vous vous détendez autrement.

b. Vous résistez : rien de tel qu'un bon bol de café pour rester en forme jusqu'à minuit.

Ce questionnaire d'évaluation peut vous paraître un peu simpliste ou encore exagéré, mais il vous aidera à prendre conscience de vos réactions négatives face au stress à partir de situations habituelles.

Réponses

Additionnez 1 point chaque fois que vous avez répondu comme suit :

1b ; 2a ; 3b ; 4b ; 5a.

Au total si vous avez :

0-1 point : Ralentissez, trouvez un rythme de vie plus calme. À partir de maintenant, décidez de prendre du temps pour vous relaxer et soyez plus positif.

2-3 points : Vous savez à peu près comment éviter le stress, mais vous pouvez encore mieux gérer votre temps et votre capital énergie. Prenez le temps de vous détendre régulièrement.

4-5 points : Bravo, vous savez comment vous préserver. Continuez à vous occuper de vous-même. Si ce n'est pas encore le cas, pratiquer une véritable technique de relaxation pourra toutefois rajouter à votre qualité de vie.

Grille de reconnaissance n°1 : Causes et facteurs de stress

Faire le point sur mes propres états de stress

a) Causes principales de stress à l'école

« Qu'est-ce qui me stresse (m'énerve, me fatigue, me gêne) le plus ? » (cochez, précisez et classez par ordre décroissant vos causes principales de stress) :

	Classement	Précisions
- L'environnement scolaire (esthétique, infra-structures), sonore (bruit)	☐	
- Les élèves, (travail, niveau, comportement)	☐	
- Les collègues (problèmes de communication, de coordination)	☐	
- La hiérarchie (manque de communication, de soutien, de reconnaissance)	☐	
- La pauvreté des conditions matérielles	☐	
- Autres (précisez en complétant la liste) :	☐	

b) Facteurs annexes

« Qu'est-ce qui favorise ce stress chez moi ? » (cochez et précisez) :

1) Mes problèmes personnels :
- problèmes de santé ☐ ....
- problèmes avec l'entourage familial ou proche ☐ ....
- manque de confiance, complexes ☐ ....
- autres (précisez) ☐ ....

2) Un manque d'hygiène de vie :
- alimentation non régulière ou déséquilibrée ☐ ....
- excès d'excitants, d'alcool ou de tabac ☐ ....
- manque de sommeil (insomnies, horaires irréguliers) ☐ ....
- manque de loisirs, de repos ☐ ....
- autres (précisez) ☐ ....

3) Une mauvaise organisation du travail professionnel :
- du temps de travail ☐ ....
- du travail lui-même ☐ ....
- du lieu et de l'espace de travail ☐ ....
- autres (précisez) ☐ ....

Commentaire

a) Causes principales de stress à l'école : « Qu'est-ce qui me stresse (m'énerve, me fatigue, me fait peur) le plus ? »

Faites le point sur vos causes de stress professionnel :
Par exemple :
« J'en ai marre d'entendre le bruit de ces escaliers qui résonnent à chaque pas devant ma classe ! », « je ne supporte plus les cris des élèves ! » :

- Travailler dans un environnement bruyant avec des élèves qui crient à chaque récréation (souvent les seuls moments de pause des instituteurs), s'exprimer dans des classes et des espaces qui résonnent, déambuler dans des bâtiments laids et mal conçus, tout autant de petits détails qui se rajoutent aux nuisances quotidiennes.

« C'est agaçant de voir toujours les mêmes élèves bavarder, et en plus ils sont insolents ! je ne cesse de répéter les mêmes choses, je me demande parfois ce que je fais là ! » :

- Nos élèves sont des êtres humains en pleine évolution, qui testent en permanence leurs repères, les limites et bien sûr les nôtres en particulier. Nous, éducateurs, sommes donc souvent confrontés aux problèmes de comportement des élèves, en manque d'éducation, parfois agressifs en période d'adolescence ; sans compter les problèmes de niveau qui exigent de jongler avec une pédagogie différenciée. D'où l'émergence, en plus de la fatigue nerveuse accumulée, d'un sentiment d'inadéquation ou d'incompétence (souvent injustifié).

« Et voilà, encore un projet qui tombe à l'eau ! Et l'autre qui n'arrête pas de critiquer tout ce que je propose ! Je me demande vraiment à quoi je sers dans cet établissement, on ne m'écoute jamais ! » :

- Nos relations avec les adultes qui nous entourent ne sont souvent pas plus faciles. Beaucoup trouvent difficile de parler ou de mener une action concrète en coordination avec une équipe. Et les désaccords peuvent voir le jour aussi bien au niveau des collègues qu'au niveau de la hiérarchie. Les failles du système scolaire, le manque de reconnaissance, et de soutien de la part des pairs ou des « supérieurs » amenuisent ainsi tout enthousiasme mais aussi toute confiance et estime de soi.

Ces situations vous en évoquent certainement de plus familières ; laissez-les surgir dans votre mémoire sans pour autant vous juger. Il s'agit de mettre le doigt sur les situations génératrices de frustration.
Si vous avez classé vos sources de stress professionnel de manière décroissante, cela vous permettra de faire le point sur les problèmes les plus gênants, et de donner un ordre de priorité à la recherche de solutions.

b) Facteurs annexes : « Qu'est-ce qui favorise ce stress chez moi ? »

Inutile de préciser qu'avoir une vie personnelle bien équilibrée physiquement et émotionnellement ne peut que favoriser le bien-être d'un individu.

Il est donc important de chercher d'abord à régler des problèmes personnels persistants (si cela est possible), afin d'être mieux dans sa peau sur lieu de travail.

Les techniques de relaxation peuvent nous aider à voir plus clair dans nos relations personnelles et en nous-mêmes, ou tout au moins nous aider à raisonner plus sereinement. Mais il peut arriver que l'on se sente submergé par l'angoisse ; le mieux à faire est alors de demander humblement de l'aide, à un ami, un proche ou un spécialiste s'il le faut. Il n'y a aucune honte à vouloir se faire aider par un thérapeute. Et si vous sentez que celui que vous consultez ne vous convient pas, il ne faut pas hésiter à en consulter un autre qui vous mettra en confiance, sans toutefois vous manipuler bien sûr. Faites confiance à votre intuition et avancez avec courage sur la voie du mieux-être.

Il n'est pas non plus indispensable d'entamer une thérapie pour se remettre en question, et le choix de cet ouvrage que vous êtes en train de lire prouve que vous êtes prêt à vous prendre en main.

D'autre part, votre désir de bien-être vous mènera sûrement sur la voie d'une réorganisation matérielle ou de votre hygiène de vie. Si vous ne dormez pas ou ne mangez pas régulièrement ou de manière équilibrée, si vous buvez du café ou de l'alcool en excès au lieu de songer à vous hydrater, ou encore si vous fumez sans arrêt, à vous d'en prendre conscience et de réaliser votre besoin de changement.

On court souvent toute la journée, sans prendre le temps de s'occuper de soi. Réorganiser son emploi du temps pour être plus disponible pour soi-même peut être une première base de changement positif. On peut faire concrètement de la place pour du neuf dans sa vie en réorganisant quelque peu son emploi du temps (en prenant quelques minutes pour soi le matin ou à tout autre moment de la journée).

Ensuite, votre quête de détente vous amènera peut-être naturellement à améliorer vos conditions de travail à la maison. Il est essentiel de se trouver un coin ou un bureau à soi rangé si possible, aéré, bien éclairé etc. ; bref, s'aménager un espace de travail le plus attrayant possible pour travailler ou corriger ses copies.

Si vous en ressentez le besoin, n'hésitez pas : à vous de trouver quels détails pourront vous permettre de modifier vos conditions et votre espace de travail afin d'accomplir chez vous vos tâches d'enseignant dans la sérénité.

Tout ce que vous pourrez faire pour amorcer matériellement le changement sera enregistré par votre subconscient qui vous guidera de manière intuitive sur la voie de votre mieux-être.

Si vous êtes à l'écoute de vos besoins et de votre corps (ce qui est le but de ce livre), vous vous sentirez déjà mieux à l'intérieur de ce dernier. Mettez-vous donc dès maintenant avec courage à l'écoute de vos signes de stress !

Grille de reconnaissance n°2 : mes signaux d'alarme

Faire le point sur mes propres signaux de stress

« Comment se manifeste le stress chez moi ? Quelles sont mes réactions

- physiques

- émotionnelles

- comportementales ? »

Nous enseignants et éducateurs savons combien notre vie professionnelle peut être une importante source de stress au quotidien. Chaque enseignant développe donc ses propres réponses et stratégies face au stress de l'école.

La liste fournie ci-dessous n'est donc pas exhaustive mais vous permettra de reconnaître certaines manifestations comme étant vraiment des signaux révélateurs de stress, à prendre en compte si cela n'était pas déjà le cas. À vous donc d'évaluer honnêtement la nature et surtout la fréquence et le moment de ces manifestations.

Dans la colonne concernant la fréquence à vous de noter jamais (J), rarement (R), parfois (P), souvent (S), puis d'indiquer les moments récurrents si nécessaire.

Quels sont mes signaux d'alarme ?	À quelle fréquence ? (J, R, P ou S)	À quel moment ?
1) Niveau physique		
Difficultés de sommeil, insomnies		
Excès d'alcool ou de tabac		
Excès d'excitants ou de tranquillisants		
Sensation de fatigue		
Maux de tête, de ventre, d'estomac		
Palpitations, vertiges		
Allergies, asthme, essoufflement		
Tensions, nervosité, tics		
Autres douleurs et maladies récurrentes, (précisez si nécessaire) :		

2) Niveau émotionnel Sensations de panique, d'angoisse Pensées négatives envahissantes Manque de confiance ou d'estime de soi Émotivité excessive Découragement, dépression Autres idées pessimistes, (précisez si nécessaire :)		
3) Niveau comportemental Tendance marquée à la solitude, au retrait Réactions agressives, manque de maîtrise de soi Évitement des situations embarrassantes, des défis Excès de travail Pas de moments de loisirs ou de détente Tendance à la critique, ou à l'indifférence Autres comportements gênants ou de mal-être, (précisez si nécessaire) :		

Commentaire

Il ne s'agit pas ici de quantifier les signaux d'alarme, mais plutôt de les repérer et d'en évaluer la fréquence. En étant honnête avec vous-mêmes, vous reconnaîtrez aisément ces petits tracas qui vous gâchent la vie de tous les jours. Il est naturel que, de temps à autre, notre corps nous signale son inconfort à sa façon. Cependant, un symptôme de stress qui apparaît trop souvent est le signe d'une difficulté non résolue ; dès que vous n'arrivez plus à en gérer les conséquences, c'est qu'il devient urgent de prendre les mesures nécessaires et de chercher de quoi ce stress est le symptôme.

Nous savons que le métier de professeur est l'un des plus stressants, et que même la récurrence des congés scolaires est insuffisante à éponger le stress et les fatigues de certaines périodes.

Notons que parmi les signes de stress le plus fréquemment observés chez les enseignants se retrouvent : le manque de motivation professionnelle, le dégoût du système (ou des élèves), l'absentéisme, l'agressivité, le pessimisme, le manque d'estime de soi et autres réactions négatives au niveau mental et comportemental. C'est le physique qui est bien sûr le plus révélateur de mal-être en partant des tics nerveux pour aboutir aux ulcères et en passant par l'insomnie, les maux de tête, les vertiges ou autre…

Il est utile de repérer à la fois la nature des phénomènes récurrents, ainsi que leur fréquence, mais aussi le moment privilégié de leur manifestation :

Si par exemple, vous êtes toujours fatigué au réveil, que vous avez du mal à sortir du lit le matin ou encore que vous avez du mal à vous endormir le soir, c'est d'abord votre organisation et votre hygiène de vie qu'il faudra revoir. Questionnez-vous : prenez-vous des excitants pour être en forme ou pour avoir le courage d'aller à l'école ? ou encore des tranquillisants pour masquer l'angoisse générée par vos stress d'école ? ensuite demandez-vous qu'est-ce vous tracasse le plus actuellement, ou que vous refusez peut-être d'admettre.

Si vous ne faites pas face à vos signaux de stress, vous prenez le risque de vous laisser déborder par ce dernier, et de mettre votre santé physique ou mentale en péril. Dans tous les cas, vous ne profitez pas pleinement de la vie en faisant l'autruche. Si vos choix d'hier vous ont permis de survivre jusqu'ici dans la jungle de l'école ou de la vie, sachez que vous pouvez décider d'en changer afin d'évoluer plus sereinement car vous avez droit au bien-être.

Chacun d'entre nous a au fond de lui un véritable potentiel de changement, à mettre à profit ; en sont témoins tous les petits réflexes mis en œuvre par notre organisme afin de retrouver son équilibre.

À vous de reconnaître ce potentiel à travers vos propres réflexes de détente et de survie.

Grille de reconnaissance n°3 : mes réflexes de détente

Faire le point sur mes propres mécanismes anti-stress

« Quels sont mes réflexes naturels de détente ? » (entourez les bonnes réponses ; quel mouvement ou action personnelle vous vient à l'esprit ? précisez chaque fois votre cas en complétant les phrases) :

- Je m'étire les bras, les jambes régulièrement pour les détendre, ou encore :……….
- Je bouge les articulations (chevilles, poignets, doigts, cou, épaules) quand je me sens tendu(e), par exemple :…………
- Je me masse souvent le visage ou les mains et même les pieds quand je suis fatigué(e) ou encore :………

- Je réprime parfois quelques bâillements quand je m'ennuie ou que je suis fatigué(e), je respire plus largement pour me réveiller, en faisant par exemple les gestes suivants :..........
- Je fais de l'humour et je rigole pour détendre l'atmosphère quand cela est nécessaire, ou encore je fais ceci à la maison ou à l'école pour entretenir ma bonne humeur :............
- Je rêvasse et pense à des choses agréables pour éloigner la grisailles des jours, comme par exemple à :........
- Je chantonne souvent et j'écoute de la musique le plus souvent possible, comme par exemple :.............
- J'utilise la méthode Coué (pensée positive : « je vais bien, tout va bien... ») de temps en temps à propos de :......, et en disant :......
- Autres : précisez vos méthodes habituelles pour vous détendre en toute occasion, réfléchissez à vos autres réflexes explicites et implicites :............
- Notez vos autres moyens de détente ou loisirs relaxants :

Commentaire

Que faites-vous régulièrement, souvent, parfois pour lâcher du lest? Observez vos réflexes au cours d'une journée de travail. Ce sont des gestes automatiques ou même des tics qui passent souvent inaperçus par la force de l'habitude. Une auto-observation initiale très attentive de ces automatismes vous permettra d'aller au-devant de vos besoins propres. Peut-être avez-vous déjà toutes les solutions.

Car ces diverses réactions au stress sont des moyens naturels de défense qu'utilisent notre corps et notre esprit afin de retrouver l'homéostasie (l'équilibre) nécessaire à la poursuite de nos activités. Il s'agit souvent de réflexes primaires sécurisants, utiles à notre survie mentale et physique (bâillements, étirements, rêveries).

Faisons donc confiance à l'intelligence de notre corps, mettons-nous à l'écoute de ce dernier en développant nos réflexes de détente.

Par contre, il faudra peut-être sacrifier certaines habitudes, telle que par exemple se jeter sur la cigarette, l'alcool ou le chocolat à la moindre contrariété; car c'est ainsi que l'on se fabrique des addictions et que le corps devient « accroc » de manière sournoise.

Le bien-être peut souvent être atteint par des moyens très simples, dès lors que l'on est sincère avec soi-même, et prêt à faire quelques efforts. Des efforts qui bientôt n'en seront plus et que vous ne tarderez pas à considérer comme des actes naturels de mieux-être.

En route vers le mieux-être : décider et faire des choix

Pour arriver à s'occuper de soi, il faut d'abord le décider.

La prise de décisions doit ensuite être suivie d'actes concrets.

Afin de vous aider à oser le changement voici une feuille de route :

Feuille de route : cette feuille blanche est pour vous, prenez tout votre temps pour la remplir (en plusieurs fois s'il le faut), en tête-à-tête avec vous-même :

Par exemple : « *Je note ci-dessous tout ce que j'ai découvert sur moi-même lors de ce premier chapitre de mise au point : mes points faibles, mes mauvaises habitudes à changer, mes points forts, les réflexes positifs à cultiver ; puis j'écris mes nouveaux choix, si possible mes nouveaux engagements vis-à-vis de moi-même* » :

> Exemple : *Aujourd'hui,* (date) *j'ai découvert, ou admis, que j'avais tendance à être pessimiste,*
>
> *Cela a pour effet de…….* (pesez le pour et le contre)
>
> *Je désire donc me débarrasser de l'habitude suivante :…* (complétez)
>
> *Afin d'atteindre le but suivant :…*(précisez votre objectif personnel ou professionnel de manière positive)
>
> *À partir de maintenant* (date), *je décide donc de changer ceci : de faire….*(**écrivez votre décision en termes clairs et précis**)
>
> *Voici mes différentes étapes :* (**actes concrets**)
>
> *1) ce par quoi je décide de commencer tout de suite… :*
>
> *2) ensuite, je pourrai passer à…*
>
> *3) puis, d'ici* (délai), *j'aurai accompli…,*
>
> *- concernant tel autre problème…*(compléter)., *je décide de le résoudre d'ici…(**date**)….*

Commentaire

À vous de décider d'étapes et de délais raisonnables, sans être trop rigoureux, afin de ne pas culpabiliser par la suite. Vous pourrez alors revenir sans remords sur vos délais si vous sentez qu'ils sont trop justes. *Accordez-vous du temps et soyez indulgents envers vous-mêmes*, sans être trop laxiste. Surtout croyez en votre potentiel d'évolution. Ce potentiel, cette richesse intérieure est au fond de chacun d'entre nous et c'est qui fait évoluer la race humaine. Vous n'êtes ni moins bien, ni mieux que les autres, mais tout aussi capable d'être positif, d'être en forme, de vivre bien, et c'est votre droit d'être humain, malgré les aléas de la vie.

Écrire vos résolutions afin qu'elles ne soient pas vaines : voilà une solution parmi tant d'autres, mais qui a le mérite de vous permettre :

1) d'éclaircir vos idées, (autorisez-vous à faire un brouillon)
2) d'établir visuellement vos priorités, (ordonnez et mettez vos idées au propre)
3) de prendre des engagements vis-à-vis de vous-même (et de l'univers)
4) donc de prendre de véritables décisions, suivies de mises en actes concrètes.

Quelques conseils pour la mise en œuvre du changement à venir

Décider de changer de vie (ou tout au moins de façon de voir la vie) nous l'avons vu, n'est pas toujours évident, surtout quand on se sent relativement bien ancré dans ses habitudes. Car ces dernières ont pour principal avantage (ou inconvénient) d'être familières, donc sécurisantes, même si elles génèrent du stress.

~ ***Faites votre propre diagnostic régulièrement***, pour savoir où vous en êtes. Revenez donc sur vos tests d'observation aussi souvent que nécessaire pour réajuster vos objectifs.

~ ***Avancez à votre propre rythme*** et ne vous imposez pas des conditions drastiques dès le premier jour. Votre volonté n'y résisterait pas. Si vous avez eu l'habitude de courir ou de vous énerver en classe pendant des années, n'espérez pas être zen du jour au lendemain. Le seul fait de rester immobile pour vous relaxer pourrait même avoir l'effet contraire. Soyez donc indulgents avec vous-mêmes sachant que vous faites toujours au mieux.

~ Commencez ***par améliorer votre qualité de vie par les petites choses du quotidien*** au fur et à mesure de la lecture de cet ouvrage et donnez-vous le temps d'évoluer. Certains seront plus faciles à faire que d'autres ; cela dépend du vécu de chacun. Dès que vous serez prêts à abandonner vos habitudes ***« pare-soleils »*** (celles qui masquent et vous voilent la lumière du bonheur), vous vous sentirez plus fort et l'effort sera moindre.

~ À vous de ***décider de vos priorités*** en commençant par exemple par votre hygiène de vie (sommeil, alimentation, santé etc...) ou par une réorganisation de votre temps (alternance repos-activité, travail, loisirs) et/ou de votre espace, ou bien encore en réfléchissant sur vos objectifs de vie.

~ Sachez que ***votre bien-être est « votre responsabilité » d'adulte*** ; c'est votre devoir d'éducateur, mais aussi ***votre droit*** d'être humain ; cependant personne d'autre ne pourra l'accepter et le décider à votre place. Ce n'est pas 'que' la faute des autres ou du destin ! prenez-vous donc en main....

Ce livre est un guide, mais c'est à vous que revient la charge et le mérite d'avancer. Sur le chemin du mieux-être, il pourra arriver que vous fassiez parfois un pas en avant et deux pas en arrière, ne vous culpabilisez pas ; vos petites victoires doivent vous servir de motivation, pour peu que vous sachiez les reconnaître et les accepter en tant que telles.

~ Tout le long de cet ouvrage, vous aurez d'autres décisions à prendre, qui pourraient bouleverser votre routine et votre vie quotidienne plus que vous ne l'imaginez. Ne vous découragez pas : qui dit changement, dit risque, mais qui ne risque rien n'a rien !

- ***Garder en mémoire votre objectif de mieux-être*** vous aidera à affronter vos peurs (souvent injustifiées), et à lâcher vos vieux schémas. Soyez audacieux, et mettez-vous au travail physiquement et mentalement à l'aide des chapitres suivants.
- Vous pourrez ***suivre les pistes proposées selon votre gré***. Il est recommandé de travailler d'abord sur soi physiquement, afin d'apprendre à décompresser. La détente et le repos permettent à l'individu d'être plus ouvert au changement.

Cependant, il se peut que vous ayez avant tout besoin de vous remonter le moral. Car le fait d'être plus positif vous aidera à prendre des décisions inhabituelles plus sereinement.

Libre à vous de commencer par le chapitre suivant ou non.

- ***Sentez-vous libres d'aborder ce guide comme bon vous semble*** : feuilletez dans l'ordre ou bien ouvrez une page au hasard, essayez les différentes techniques et les conseils, choisissez ce qui vous convient, faites confiance à votre intuition et à vos envies ! L'essentiel étant que vous puissiez récolter le fruit d'efforts (ou de plaisirs !) librement consentis. Des efforts qui au fil des pages et de la pratique n'en seront plus, puisqu'ils deviendront la clé de votre détente et de votre sérénité d'éducateur.

En un mot, ***osez et faites-vous confiance*** !

Ce qui est important c'est que vous ayez décidé de prendre soin de vous. Pour ce faire, aménagez-vous du temps et de l'espace. Les prochains chapitres vous guideront dans cette démarche de réorganisation, indispensable à l'établissement d'une vie d'enseignant plus épanouissante.

Prendre le temps de s'observer

Le mot-clé de votre évolution constante en matière de détente restera toujours **l'auto-observation**. Celle de vos saines ou moins saines habitudes de comportement, de posture ou d'hygiène de vie. Les grilles de reconnaissance du début vous auront certainement permis de mieux comprendre comment vous fonctionnez. La première étape consistera donc toujours en une auto-observation préalable ; puis à partir de vos constats vous serez à même de choisir la meilleure démarche de détente.

Comme cela a déjà été mentionné au cours du premier chapitre, c'est en partant de l'observation de vos propres réflexes anti-stress que vous serez sûr d'aller dans le sens d'une détente adaptée à vos besoins. Il est en effet important de reconnaître consciemment les quelques gestes que vous faites déjà inconsciemment afin de faire face aux exigences stressantes de votre environnement. Ce sont les petites manies que vous avez développées pour rétablir votre équilibre personnel qui constituent vos réflexes habituels de détente.

Observez donc attentivement vos gestes anti-stress et décidez de garder ceux qui vous semblent les plus sains afin de les mettre à profit.

Vous ferez le tri facilement : par exemple, il existe des envies de type compulsif comme la cigarette qui masquent nos vrais besoins tandis qu'un geste naturel comme le bâillement vous est bénéfique parce l'appel d'air vous permet de respirer plus largement, c'est donc une habitude qui mérite d'être approfondie de manière consciente.

Observez ainsi vos réactions et tirez-en les conséquences ; en voici quelques autres exemples :

Vous vous surprenez à bailler fréquemment....

- continuez, même si vous pensez que cela ne se fait pas en société...... c'est que vous avez besoin de vous oxygéner pour vous réveiller et tenir le coup. Cela signifie aussi que devriez apprendre à respirer plus largement.

Vous vous étirez souvent....

- vos muscles sont certainement contractés par le stress et la fatigue, alors n'hésitez pas à mettre en œuvre des étirements simples de tout le corps, aussi bien à l'école qu'à la maison, en respirant bien.

Vous avez tendance à vous frotter les mains, le visage ou les épaules....

- c'est que la chaleur du toucher vous fait du bien ; allez dans la direction de l'auto-massage. Ou encore faites-vous masser par quelqu'un de votre entourage

Vous aimez faire la sieste ou fermer les yeux en écoutant de la musique...

- la relaxation en position assise ou allongée vous conviendra certainement.

Il existe de nombreuses méthodes de relaxation. Nous vous en proposerons quelques échantillons à la fin de l'ouvrage.

Continuez donc à vous observer. Ce travail d'auto-observation constituera en fait la moitié de votre démarche de bien-être.

Et surtout, pour finir, observez vos pensées, en prenant soin de vous focaliser sur celles qui vous sembleront plus positives.

Positiver, un mot-clé de notre démarche ; mais comment y arriver au quotidien ?

Ce sera l'objet de notre deuxième partie.

Retrouver le chemin de la sérénité

Poser un regard plus attentif, plus indulgent et plus appréciatif sur soi-même, pour retrouver l'estime de soi et la confiance : c'est le cheminement qui vous est maintenant suggéré. Chaque idée proposée dans cette partie constitue un moyen d'évoluer en tant que personne, dans nos rôles social et familial ; à vous de choisir....

Oui, vous avez le choix. Choisir, c'est renoncer, mais choisir c'est aussi avancer. À chacun « sa » propre solution, celle qui est la plus appropriée à son cas. N'hésitez donc pas à expérimenter plusieurs méthodes pour trouver la mieux adaptée à vos besoins ou à votre personnalité.

Vous trouverez ici un accompagnement qui vous sera utile afin de vous remonter le moral ou pour trouver la force d'aller de l'avant dans les situations d'école (ou autre) les plus décourageantes.

Enfin, le seul fait de changer notre regard sur nous-même peut nous aider à regarder le monde qui nous entoure avec indulgence voire gratitude ; ceci dans le but d'accomplir notre mission d'éducation dans la sérénité.

Changer son regard sur soi

Si vous avez commencé ce livre en pratiquant la détente active ou passive, vous avez déjà eu l'occasion de porter un œil nouveau sur vous-mêmes, tout au moins physiquement. Mais il se peut aussi, qu'après avoir fait le point à l'aide des tests, vous ayez décidé d'aller directement à ce chapitre afin d'améliorer d'abord votre moral.

Quelle que soit votre approche, la base de tout le processus proposé ici consistera à **« être capable de poser un regard positif sur soi »** afin de **« pouvoir ensuite mieux apprécier le monde** (scolaire ou non) **qui nous entoure ».**

Osez changer votre regard !

Si vous pensez que les autres comptent plus que vous et que c'est votre devoir de faire passer leurs besoins toujours avant les vôtres, alors vous ne vous estimez pas vraiment.

Avant tout déculpabilisez-vous ; vous méritez le bien-être auquel vous aspirez, surtout si vous êtes au bout du rouleau ! Répétons-le, il n'est en rien égoïste de vouloir prendre du temps pour soi et de s'occuper de soi en priorité, c'est au contraire une nécessité pour chacun d'entre nous. On peut en outre se voir positivement sans orgueil. À l'opposé, l'important est de pas confondre humilité et dénigrement, et de croire en son mérite.

Beaucoup d'éducateurs ont embrassé cette profession en partant des sentiments (très honorables) d'altruisme qui les animaient et les animent encore. Mais beaucoup se sont aussi usé les nerfs et la santé mentale à vouloir trop en faire pour les autres (y compris dans leur foyer), sans penser à eux-mêmes. Il existe en effet un juste milieu à tout, on ne peut pas toujours tout donner sans rien recevoir ou inversement.

Prenons l'image de la respiration : si vous passiez votre temps à expirer sans jamais inspirer, comment feriez-vous pour subsister ? Pour ne plus vous retrouver « à bout de souffle », prenez donc le temps de vous ressourcer physiquement et mentalement ; vous êtes aussi important que les autres, sinon plus, à vos yeux.

De toutes façons, il faut déjà être capable de prendre soin de soi avant de prendre soin des autres. Car en y réfléchissant un peu, comment la personne la plus altruiste peut-elle s'occuper correctement des autres si elle n'est pas elle-même bien équilibrée ?

S'il vous reste un zeste de culpabilité, de doute ou de fausse humilité, en tant qu'éducateur, méditez cette dernière pensée... La balle est dans votre camp, à vous de décider de prendre en main votre hygiène de vie mentale....

Votre entourage en bénéficiera d'autant plus.

Estime de soi et confiance en soi

Estime et confiance en soi sont indispensables pour acquérir l'assurance nécessaire à une mission d'éducation, surtout si vous évoluez dans un milieu scolaire difficile. Votre sérénité dépendra alors de la manière dont vous vous faites confiance et dont vous faites confiance aux autres. Certaines situations délicates ne peuvent être résolues sans un esprit positif et un calme relatif.

D'où l'importance de savoir garder son sang-froid et respirer profondément en faisant confiance à sa capacité d'improvisation.

Si vous avez parfois du mal à affronter vos élèves, travaillez ces deux aspects de votre personnalité en toute franchise.

Le manque d'estime de soi peut s'installer dès l'enfance chez un individu ; cela vient surtout de ce que nos précédents éducateurs (la majorité en tous cas, et surtout ceux de l'ancienne génération) n'étaient pas du style à nous encourager ou nous mettre en valeur. Ceci dit, parents ou enseignants, ils pensaient bien faire, ayant eux-mêmes dû subir une éducation très répressive à l'époque. Et c'est ainsi que nous reproduisons ce type d'éducation envers nos enfants ou nos élèves. Afin de mettre fin à cette spirale dévalorisante et ne plus retransmettre ce type de sentiment, prenons d'abord conscience de notre propre manque d'estime. Pensez en effet que le manque d'estime de soi peut déclencher des manifestations diverses comme la timidité, l'anxiété ou des réflexes protecteurs comme le retrait ou l'agressivité. Un individu qui ne s'estime pas peut même avoir recours à la violence gratuite pour se mettre en valeur et démontrer sa force. C'est le comportement qu'adoptent nombre de nos élèves en perte d'estime et de confiance.

Avant d'en arriver là, ayons le courage de nous regarder en face ; qui sait ? peut-être le miroir nous renverra-t-il une image plus flatteuse que prévue !

Questions-miroirs

Afin de repartir à la découverte de vos sentiments intérieurs, répondez à ces questions-miroirs :

1) Comment vous appréciez-vous ?

Pour répondre à cette question, faites ici une liste de vos qualités et défauts présumés :

mes qualités :

mes défauts :

Que remarquez-vous ?

Votre liste de qualités est-elle plus longue que celle de vos défauts ?

Si non, faites-en sorte qu'elle le soit. Cela vous-est-il difficile ? Quelles qualités n'osez-vous pas reconnaître en vous ? il se peut aussi que certains des défauts cités vous sont en fait utiles ? réfléchissez et voyez le bon côté des choses. Par exemple, si vous êtes timide, c'est que vous êtes aussi discret ; ou si vous êtes paresseux, c'est que vous savez prendre le temps de vivre ; vous êtes peut-être plus gourmet que gourmand etc, etc…

Qu'appréciez-vous le plus chez vous ?

- en tant individu ?
- dans la vie courante, je me trouve………

- en tant que prof ou éducateur ?
- à l 'école, avec mes élèves, je me trouve plutôt……
- avec mes collègues, je suis plutôt……

Commentaire

Quoi qu'il en soit, si vous continuez à vous trouver plus de défauts que de qualités c'est le moment de réviser votre opinion au sujet de vous-mêmes. Vous n'êtes ni plus ni moins que les autres, et comme tout le monde, vous faites ce que pouvez au moment où vous le faites, quelle que soit la tâche….

Et si vous ne vous trouvez pas assez performant ou ouvert, il y a toujours moyen de s'améliorer progressivement alors faites-vous confiance…

Comment ? voici quelques pistes…

2) Dans quelles situations de la vie courante manquez-vous de confiance ?

Notez et décrivez ici ces situations stressantes qui vous bloquent parfois et dans lesquelles vous aimeriez faire preuve de plus de confiance :

Je reconnais que je manque parfois de confiance quand......,

ou en classe quand.......

Si j'osais, je ferais ceci :

Si je m'en croyais capable, je ferais cela ....

Commentaire

Quand nous manquons de confiance, il est de notre propre responsabilité de nous encourager. Il suffit parfois de repenser à quelque chose de gratifiant que l'on a accompli dans le passé, pour trouver la force d'aller plus loin. Cherchez donc dans votre mémoire, même si vous n'avez rien fait d'exceptionnel, il y a forcément quelque chose dont vous avez été fier (et dont vous êtes encore fier professionnellement ou non) qui peut nourrir votre propre estime, donc votre confiance en vous. Pensez à vos satisfactions et joies d'enfant ou d'adolescent quand vous avez pu réussir des choses, acquérir des compétences nouvelles tout au long de votre vie. Étant adulte vous avez certainement réussi à des examens, des concours.... ne minimisez rien, et surtout pas le sentiment de bonheur éprouvé alors. Car c'est à ce niveau que l'estime et la confiance en soi sont reliées.

Pour vous entraîner à l'estime et à la confiance, pensez maintenant au moment présent; vous devez être compétent sur plusieurs plans, et les autres doivent certainement compter sur vous pour de multiples tâches. Osez maintenant reconnaître la manière dont les autres vous apprécient et vous font confiance sans fausse modestie :

- Dans la vie courante, on peut me faire confiance sur les plans suivants

-

-

À l'école, en tant qu'éducateur, enseignant :

mes élèves me font confiance pour...

-

-

mes collègues m'apprécient pour...

-

-

Commentaire

Si les autres croient en vous, c'est que vous en valez la peine, osez donc être pleinement vous-même en exprimant tous vos talents, à l'école comme ailleurs.

Pensez aussi à vous encourager quand vous vous sentez faiblir, à vous complimenter vous-mêmes quand vous vous sentez satisfaits de votre travail. Quand vous arriverez à vous faire des compliments sans humilité, vous arriverez à en faire aux autres, notamment à vos élèves qui y seront très sensibles. C'est ainsi qu'en posant sur vous-mêmes un regard positif, vous pourrez faire de même ensuite pour votre entourage familial et professionnel.

Changer son regard sur les autres

Porter un œil positif sur ses élèves

Bien que cela soit difficile à croire, nos élèves font eux aussi du mieux qu'ils peuvent, tels qu'ils sont, à tout moment. Cependant, ce sont des enfants en pleine croissance ou des adultes en devenir bien souvent en proie aux doutes et autres remous de la pré-adolescence puis de l'adolescence. De plus, beaucoup doivent affronter des problèmes personnels comme tout le monde (familiers, sociaux, financiers, de santé ou autres) qu'ils ne sont pas encore prêts à assumer pleinement. Ils n'ont pas, de surcroît, la faculté qu'ont les adultes de pouvoir se dissocier de leurs propres problèmes en arrivant sur leur lieu de travail (pour peu que cela soit possible !). Sous leurs airs fiers ou agressifs, ils sont en fait fragiles et cherchent leurs repères. Les moins doués d'entre eux sont souvent les simples victimes d'un système scolaire qui ne leur permet guère de s'épanouir, ou qui ne leur offre pas de grandes perspectives d'avenir, donc pas de motivation claire.

Rien de nouveau, répondrez-vous, et vous n'êtes sûrement pas responsable de cet état de fait ! Et vous aurez raison ; ce qui ne vous empêche pas de poser un regard indulgent sur les facéties, les lacunes et les faiblesses de ces élèves plus ou moins en difficulté ou en manque de maturité.

L'autorité n'exclut pas l'indulgence et l'appréciation constructives.

Il existe toujours dans notre public quelques élèves qu'on ne voudrait plus voir, et qui nous agacent plus que les autres ; nous les trouvons arrogants, mal élevés ou paresseux. Ces jeunes n'ont pourtant pas que des défauts ; exercez-vous à leur trouver des qualités, même si cela peut vous paraître impossible au départ. En faisant l'effort de changer votre regard et votre comportement à leur égard, ils vous surprendront peut-être. Pensez que ces élèves ne font qu'exprimer leurs difficultés et au lieu de les y enfoncer, tendez-leur la main, en action et en parole. Rares sont les personnes insensibles aux critiques constructives, et aux encouragements ; cela a souvent pour effet de les révéler sous un jour plus favorable ! Et cela est vrai aussi pour vos collègues...

Mieux apprécier ses collègues

Les adultes qui vous entourent dans la cité scolaire sont aussi des êtres humains comme les autres avec des défauts et des qualités. Comme certaines personnes nous semblent plus sympathiques que d'autres, il nous arrive de traiter les autres plutôt avec indifférence, ce qui est dommage, car nous fermons la porte à des expériences nouvelles.

Quant à nos supérieurs hiérarchiques, ils se montrent parfois trop inaccessibles ou insensibles à nos problèmes, ce qui ne les rend guère intéressants à nos yeux ; pensons qu'ils sont parfois trop submergés par les exigences de l'administration pour être disponibles.

Essayons donc d'avoir aussi un regard plus indulgent vis-à-vis de ceux qui, dans notre entourage, nous semblent moins louables ou dignes d'intérêt.

Comment faire évoluer son regard

Voici un moyen simple de s'entraîner à changer son regard sur les autres, élèves ou collègues :

1- Décidez de faire preuve de patience la prochaine fois que vous apercevrez les personnes qui vous agacent ; peut-être ces dernières n'arrivent-elles pas à gérer leur stress ? dirigez vers ces gens un regard plus humain, plus compatissant ; un sourire ne peut que détendre l'atmosphère ou au moins briser la glace (Il se peut d'ailleurs qu'ils vous le rendent à votre grand étonnement)... Cherchez et trouvez-leur des qualités : sont-ils plutôt calmes ou actifs, généreux, téméraires, honnêtes, compétents, courageux etc....

2- Essayez encore, à la prochaine occasion, de leur trouver quelque chose de positif, un élément (même terre-à-terre pour commencer) qui fera évoluer votre appréciation ; par exemple peut-être ces personnes ont-elles du goût pour s'habiller ou sont-elles d'apparence agréable ? Découvrez le détail plaisant qui vous avait échappé jusqu'alors chez un individu que vous ne connaissiez ou n'observiez guère.

3- La dernière étape consistera éventuellement en une rencontre ou un dialogue constructifs, une manière de communiquer saine et non-violente. Ceci avec une approche ouverte et sans jugement.

Le seul fait de décider de changer son regard sur son entourage peut ainsi faire évoluer bien des comportements de part et d'autre. N'oublions pas non plus que nos élèves nous servent aussi de miroir ; un miroir impitoyable qui nous renvoie fidèlement tous nos états d'âme intérieurs. Cela vaut donc le coup d'avoir un regard plus 'zen'.

Par ailleurs, en apprenant à communiquer sainement, vous pourrez agir positivement sur votre environnement scolaire. Ce dernier ne vous semblera plus aussi hostile qu'il vous paraît actuellement. La jungle habituelle dans laquelle vous vous débattez quotidiennement pourrait même se muer en un milieu accueillant au fil du temps. Prenez le temps, osez essayer autre chose, un geste, un sourire, une parole... cela en vaudra la peine pour tout le monde.

Gérer le stress des conflits et pratiquer la communication non-violente

Le métier d'enseignant a cela de bon qu'il nous permet d'évoluer rapidement en tant qu'individu ; tant nous sommes obligés de nous remettre sans cesse en question devant un public (jeune donc parfois sans pitié) qui teste nos limites jour après jour, heure après heure, minute après minute même parfois.

Hé oui, les élèves nous testent en permanence (surtout ceux en mal de repères) : Ils nous testent le premier jour de la rentrée, ils nous testent quand ils voient que nous n'allons pas bien pour mieux profiter de nos faiblesses, ils nous testent les jours de pluie et de beau temps ! et comme nous ne sommes que des êtres humains, nous ne sommes pas toujours au top de notre forme pour y faire face.

Dans l'enseignement secondaire encore plus que dans le primaire, il faut rester calme et performant tout en changeant de classe, donc de public, heure après heure. Notre sens de l'adaptation est souvent mis à l'épreuve. Chaque type de classe, surtout si celle-ci est hétérogène est un challenge nouveau, car il faut répondre à toutes les demandes et à tous les niveaux.

Bien souvent, ces demandes ne se réduisent pas à un simple manque de savoir ; le professeur doit alors se substituer au psychologue ou à l'assistante sociale de service avec tous les transferts de haine ou d'affection que cela implique de la part de l'élève.

Un jeune qui n'arrive pas à gérer une situation d'apprentissage, et qui subit déjà des tensions par ailleurs, peut avoir tendance à décharger son surplus dc stress sur un professeur. Ce peut être vis-à-vis du prof d'une matière où il est en difficulté, ou tout simplement parce que la personne de l'éducateur représente un système dans lequel il est en échec que l'élève va exprimer ses tensions. Les réactions d'un élève stressé peuvent ainsi parfois paraître aussi soudaines qu'exagérées ; une altercation peut surgir sans qu'on ait le temps de la prévoir. Alors, comment gérer de telles situations ?

En prenant autant que possible physiquement et mentalement de la distance, grâce aux moyens suivants.

Savoir prendre et garder du recul

Si vous avez fait l'effort de changer votre regard sur vos élèves, vous comprendrez aisément que toute tentative d'agression verbale est à la fois le reflet d'un mal-être intérieur ainsi qu'un appel à l'aide.

Ne prenez donc pas pour argent comptant les critiques qui vous sont faites sous l'effet de la colère. Gardez un regard compatissant envers la personne qui exprime ses difficultés, restez à l'écoute de ces dernières....

Si vous vous estimez assez, vous arriverez à *ne pas vous identifier aux critiques et vous ne vous impliquerez pas* pleinement dans une discussion stérile. Ce qui ne vous empêchera pas de vous remettre en question de manière positive.

Quand vous vous sentez agressé[1], ne répondez pas tout de suite, *prenez d'abord une bonne inspiration et allongez votre souffle.*

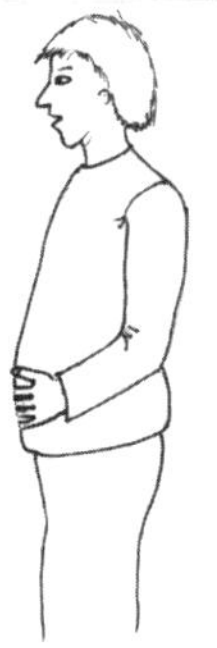

Focalisez-vous le temps d'une seconde sur votre abdomen et prenez conscience de votre respiration. Ceci n'est pas facile au début, mais avec la pratique régulière de la respiration abdominale, vous finirez par développer ce bon réflexe. Ce dernier possède deux atouts : le premier, c'est de pouvoir prendre du recul physiquement, le deuxième, c'est qu'en se recentrant sur soi on se détache mentalement de l'objet de notre colère (momentanément bien sûr).

À vous ensuite de trouver les mots qu'il faut pour répondre poliment à votre interlocuteur.

La plus grande difficulté réside dans le fait de toujours être un exemple dc calme et de respect pour nos élèves. Cependant si vous n'y arrivez pas, ce qui est tout à fait normal, *ne culpabilisez pas,* cela aurait juste pour effet

1... notons ici la nuance entre se sentir agressé et l'être véritablement. Quand on est déjà stressé, la moindre remarque, même constructive, peut paraître déplacée et entraîner des réactions excessives. D'où l'utilité d'apprendre à garder son sang-froid et de s'entraîner à des réactions de communication calme. Un léger temps de réflexion ou de respiration peut aider à faire la part des choses.

d'augmenter votre stress. Nous ne somme pas des robots et il est humain de se mettre en colère. Le tout est savoir s'arrêter à temps dès qu'il y a prise de conscience afin d'amorcer un processus de maîtrise de soi. Vous avez sûrement eu un jour une petite (ou une grande) 'prise de bec' avec un jeune, voire un membre adulte de la communauté scolaire. Peut-être l'auriez-vous évité en restant calme en respirant profondément….

Il n'est évidemment pas facile de rester placide face aux frasques d'un élève ; cela peut arriver à tout le monde de s'énerver et ne remet nullement en cause notre dignité ou nos compétences.

En tant qu'être humain nous avons le droit de ne pas être toujours en forme, d'avoir des petits problèmes de santé ou autres (voir la *déclaration des droits du prof* en fin de partie)…

Donc, après un dialogue un peu vif, inutile de se ronger les sangs une fois sorti du cours en question ou de l'école, en révisant tous les scénarios possibles que vous auriez pu ou que vous auriez dû mettre en acte ! Faites plutôt table rase de ce moment désagréable en vous distrayant : décompressez, relaxez-vous. Par la suite, vous déciderez simplement de l'action future à mettre en œuvre afin de faire le point au cours suivant si nécessaire ou lors d'une prochaine rencontre ; en sachant que la stratégie du calme et du respect est toujours la meilleure.

S'il vous est difficile de prendre et de garder du recul tout seul, n'ayez pas peur de partager vos petits soucis et gros stress d'école avec des collègues ou quelqu'un de votre entourage.

Partager pour se libérer

Nombre d'enseignants se sentent mal à l'aise dans la communication avec leurs élèves, mais ils n'osent pas partager leurs appréhensions avec leurs collègues, de peur d'être mal-vus et dépréciés. Il n'y a pourtant aucune honte à avoir le trac devant un public ou à se sentir désemparé en cas de conflit.

- Parlez à un collègue, cherchez de l'aide auprès d'un membre de la communauté scolaire (il se pourrait par exemple que vous en appreniez plus au sujet de votre élève en discutant avec l'assistant(e) social(e). S'il s'agit d'un adulte, votre interlocuteur vous aidera certainement à comprendre d'où vient le problème. Dans tous les cas vous vous sentirez moins seul.

- Partagez aussi avec les proches (ami, membre de la famille) afin de ne pas diriger vers eux votre stress de la journée. Votre conjoint ou votre enfant comprendra mieux votre mauvaise humeur ou votre fatigue, si vous dites que vous avez un ennui en ce moment. Confiez-vous sans abreuver votre entourage de négativités en tout genre ; votre but n'est pas de déprimer les autres, mais de vous faire consoler.

- En un mot, partager ses problèmes n'est pas un signe de faiblesse ; cela vous évitera d'avoir à garder en vous des sources de stress, ferments de futurs ulcères à l'estomac et autres maladies psychosomatiques. De plus votre entourage proche n'aura pas à subir votre énervement.

Pour garder du recul, restez positif, puis entraînez-vous à une nouvelle stratégie : la communication non-violente.

Oser être soi-même et s'affirmer :

Osez être vous-mêmes en :

- *laissant tomber le masque* de raideur et d'autorité que vous prenez souvent face à vos élèves pour laisser transparaître votre humanité. Exprimez vos sentiments, vos émotions, vos besoins sous forme de partage et même vos regrets quand vous vous trompez. Ce faisant vous apprenez aussi à vos élèves qu'il est respectable de savoir admettre ses erreurs.

- ou bien *en affirmant votre personnalité*, si vous manquez d'autorité face à vos élèves. Exprimez vos opinions, vos droits ; sachez refuser et faire des demandes précises ; exigez le respect qui vous est dû clairement et simplement.

Après avoir écouté vos élèves dans le calme, expliquez aussi pourquoi vous n'êtes pas d'accord et faites en tout temps preuve de respect si vous voulez en inspirer en retour.

Dans les deux cas, vos élèves vous seront sûrement reconnaissants pour vos qualités de dialogue, d'écoute et de partage.

Petits repères de communication positive

Affirmez-vous dans la communication en :

- *assumant vos idées et vos actes* par l'utilisation du pronom *« je »* et sans incriminer directement les autres; par exemple au lieu de dire : « *vous* me rendez furieux », dites plutôt « *je* suis furieux quand vous faites ceci...... » ; au lieu de : « *vous* m'énervez... », dites : « vous savez bien que *je* m'énerve (ou à la rigueur), que *ça* m'énerve, quand... ». Utilisez le « *moi, je* » de manière constructive. Après tout, libre à vous de vous laisser influencer par les paroles et les humeurs négatives des autres! votre réaction relève de votre responsabilité.
- *évitant de tout généraliser* en employant le pronom « *on* » ou en désignant une catégorie de personnes; par exemple : « quand *on* est prof (ou élève), « *on* » doit faire comme ci ou ça...... » , ou encore « *vous les élèves, vous* êtes toujours comme ci ou comme ça.... ». Si c'est votre opinion assumez-la, mais ne vous justifiez pas en vous cachant derrière des généralisations. Cela vous évitera de mettre tout le monde dans le même sac. Chacun d'entre nous est unique, et ne réagit donc pas de la même façon.

Puisque vous êtes un adulte responsable, montrez-le : assumez *votre* manière d'être unique en déclarant franchement *vos* opinions.

- en *négociant* intelligemment au quotidien avec votre public scolaire et votre entourage en général; acceptez de faire preuve de patience, mais posez des limites claires et bien définies à ne pas dépasser : celles de votre bien-être.

- Communiquer dans la détente

Pensez aussi que votre jeune public est sensible à vos remarques; une phrase apparemment anodine peut détruire l'estime et la confiance d'un être fragile; évitez les phrases du type « *tu* es nul », car vous pouvez influencer l'élève dans le mauvais sens. Dites plutôt : « *ce* travail n'est pas satisfaisant », sans oublier d'encourager l'élève en question à faire mieux. Pensez aussi ajouter une touche d'humour dans vos dialogues. L'humour peut être une arme utile pour faire passer des messages délicats tout en détendant l'atmosphère, sans aller toutefois jusqu'à l'ironie.

Vous ferez ainsi preuve de tact en n'attaquant pas directement les uns ou les autres et en les encourageant à s'exprimer à leur tour. Ceci est aussi vrai pour les autres adultes.

Plus important encore : pas de communication véritable sans écoute préalable. Donc si vous voulez améliorer la qualité de vos conversations, commencez par *améliorer la qualité de votre écoute*.

Êtes-vous à l'écoute des autres? Êtes-vous attentif à leurs paroles? Prenez-vous le temps de les écouter jusqu'au bout? Quand vous êtes en classe, êtes-vous sensible au **langage verbal et non verbal** de vos élèves?

En fait, beaucoup d'enfants, surtout les timides, n'osent pas s'exprimer

explicitement mais utilisent un langage non verbal évident. Leurs attitudes et leurs mimiques trahissent leurs sentiments. Ce moyen de communiquer par les gestes et l'apparence corporelle doit être prise en compte chez tout un chacun.
Aidez vos élèves à passer du non-verbal au verbal en les questionnant directement et en les encourageant. Vérifiez que vous avez bien compris le message en demandant des précisions. Montrez-leur ainsi que leur opinion compte à vos yeux ; se sentant considérés, ils se montreront plus ouverts et plus dociles.
Inversement, *faisons attention au langage non verbal* que nous utilisons non consciemment et qui peut nous desservir dans notre tâche d'enseignement comme dans la communication avec les collègues. Une attitude ouverte, souriante, encourageante est certainement plus engageante qu'un aspect rigide et fermé de la personne (tel que jambes et bras croisés devant, épaules arrondies, tête baissée ou regard fuyant). Quand vous êtes stressé, continuez à observer votre posture, ouvrez le torse, respirez, le dos droit, les muscles relâchés, mais essayez d'aller encore plus loin en cultivant des sentiments positifs. Cela entraînera naturellement chez vous une posture plus propice à l'extériorisation.
Communiquer dans la détente, certes, c'est être à l'écoute de l'élève pour mieux le guider par la suite, c'est s'affirmer et assumer ses idées au cours d'une conversation, mais c'est aussi tout simplement obéir aux règles de courtoisie les plus élémentaires entre collègues. Le rappel suivant vous semblera peut-être anodin ; mais il est utile de mentionner que nous oublions parfois les règles de bienséance quand nous somme pris dans la tourmente, happés par un rythme effréné de travail, ou simplement fatigués.
Or pour maintenir des contacts bienveillants entre collègues, il faudrait simplement penser à :

- se saluer dans les couloirs (un sourire n'étant pas exclu) ; songer à ne pas couper la parole de l'autre dans les dialogues, ne pas se montrer trop indiscret, rester poli et respectueux, quelle que soit la fonction de l'autre, éviter les sous-entendus et les discussions houleuses lors des réunions de concertation par exemple ;
- par ailleurs, en cas de problème avec les collègues ou l'administration : oser demander franchement leur avis aux personnes concernées et proposer des solutions originales au lieu de critiquer de façon stérile.

Vous penserez certainement que tout cela est évident, mais malheureusement cela ne l'est pas pour tout le monde. Quand nous sommes trop stressés, notre instinct de survie nous pousse à réagir de manière impulsive ; nous oublions alors que le fait d'appliquer ces élémentaires règles de conduite en société peut déjà nous simplifier l'existence. Ajouté à cela, un zeste d'humour et de pensée positive ne peut que mieux détendre l'atmosphère.

Malgré toutes ces tentatives de changement, la déprime vous guette, et vous n'arrivez pas à faire abstraction de vos problèmes personnels en classe ? Vos efforts vous semblent vains et les résultats ne suivent pas ? une seule arme vous manque, peut-être la plus efficace de toutes : *la pensée positive*

La méthode Coué

Avant d'entamer une thérapie, essayez la voie de la pensée positive (les deux démarches parallèles n'étant d'ailleurs pas exclues). Il y a bien longtemps que les effets bénéfiques de l'optimisme sur l'organisme ont été reconnus.

Né en France en 1857, le pharmacien Émile Coué, en avait déjà testé l'efficacité chez ses clients. Il avait découvert *l'effet placébo*, c'est-à-dire l'action des médicaments non-actifs en expérimentant des exhortations positives. Il répétait en effet sans cesse à ses clients : « *vous verrez, vous irez de mieux en mieux* », en leur délivrant des préparations anodines. Ses expériences personnelles et son esprit observateur l'amenèrent à élaborer une théorie sur la suggestion positive.

Plus tard, ses idées furent corroborées par la découverte des maladies psychosomatiques, mais la médecine moderne tourna vite ces techniques simples d'affirmations positives en dérision. La méthode semblait trop facile, et il était bien plus scientifique de faire usage de tranquillisants. Ce n'est que très récemment que cette *psychothérapie du pauvre* a retrouvé ses lettres de noblesse avec la mode des techniques anti-stress, du zen et du bio !

La puissance de nos états d'âme négatifs est maintenant véritablement admise en matière de guérison. Non que l'on puisse guérir toutes ses phobies à l'aide de sa seule pensée, car les conseils d'un thérapeute restent de mise, mais il est toujours plus utile de s'encourager que de se déprécier.

Quand nous « nous faisons du mauvais sang » (l'expression n'est pas anodine) ou que nous nous énervons, nous élevons notre taux d'adrénaline ; c'est une hormone secrétée par les surrénales, qui accélère le rythme cardiaque, augmente la pression artérielle et élève la glycémie. Alors que toute pensée ou toute action nous apportant de la joie ou du bien-être nous aide à secréter des endorphines (ou endomorphines) ; ces dernières hormones sont activées par l'hypothalamus et présentent des propriétés antalgiques. À ce propos, les vertus bénéfiques du rire ont été reconnues depuis longtemps ; osez donc rire en classe et encore plus à la maison !

Il est plus intelligent (mais parfois plus difficile) de faire preuve de bonne volonté, d'optimisme et d'humour que de pessimisme ou de mauvaise humeur. Essayez toutefois les vertus d'un regard positif, ne serait-ce que pour entretenir notre santé physique. Si vous ne pensez pas aux autres, pensez alors au moins à vous-même.

Si la pensée positive vous tente, cela vaut la peine d'essayer ; faites votre choix parmi les conseils suivants :

Être positif et le rester !

Première étape : auto-observation

Choisissez un jour d'école, et observez-vous. Observez comment vous pensez dès le lever, et comment vous parlez. Parlez-vous souvent avec des négations ? Utilisez-vous des nuances plutôt pessimistes ou ironiques pour décrire les choses ou donner votre avis ? *Votre verre est-il toujours à moitié plein ou toujours à moitié vide ?*

Essayez de traquer les petites réflexions qui traduisent votre déprime ou votre énervement.... bref les pensées assassines qui vous sapent le moral, presqu'à votre insu.

Dès que vous remarquez l'émission de pensées sournoises telles que *« je n'y arriverai jamais avec ces élèves de 5ème b ! »*, ou *« décidément, c'est pas mon jour ! »* ou encore *« je sens qu'il va encore m'énerver celui-là ! »*, *« avec eux on ne sait jamais » etc...*, prenez conscience que vous êtes en train de vous **suggestionner négativement**. Annulez ces mauvaises pensées mentalement en les remplaçant par des phrases plus optimistes. Reformulez alors vos affirmations positives à haute voix de préférence.

Faites aussi cette expérience avec vos images mentales négatives.

Vous avez des angoisses ou des petites peurs inavouées qui se traduisent par des images négatives ; osez visualiser autre chose... au lieu de vous voir dans une situation négative passée ou future, imaginez-vous en position de force, imaginez-vous calme et serein, heureux, ou dans un endroit magnifique et en pleine santé. Bref, osez vous imaginer tel que vous aimeriez être face aux autres, osez imaginer les choses telles que vous aimeriez qu'elles soient.

Plus facile à dire qu'à faire évidemment au début ! Encore faudrait-il savoir faire clairement la différence entre une affirmation « négative » et une « positive » en théorie.

Deuxième étape : pratiquer les affirmations positives

> Adoptez la stratégie du verre à moitié plein, plutôt que celle du verre à moitié vide, en commençant par traquer tous les messages négatifs que vous faites aux autres et à vous-même. Par exemple, au lieu de dire :
>
> « *J'espère que je ne vais pas échouer cette fois-ci avec mes élèves !* », osez envisager le meilleur en affirmant : « *j'espère réussir cette fois-ci* ».
>
> Cultivez l'optimisme aussi chez vous dans toutes les situations de votre vie quotidienne. Imaginez que vous ayez tendance à l'insomnie : au lieu d'anticiper négativement votre prochaine nuit en disant : « *je sens que je ne vais pas pouvoir dormir ce soir !* ». Essayez de déclarer ce que vous souhaitez vraiment : « *Vivement une bonne nuit de sommeil !* ».

Cette façon de voir les choses pourra vous sembler contraire au bon sens élémentaire les premières fois. Mais dites-vous bien que vous n'aidez pas le sort, en gardant un regard pessimiste sur votre environnement. Surtout si vous avez déjà commencé à faire l'effort de regarder les autres ainsi que vous-même d'un œil plus positif.

Petit exercice de réflexion

> Replongez dans votre passé professionnel :
>
> On a tous fait au moins une fois l'expérience d'arriver un jour en classe l'esprit optimiste et super motivé ; quel est le souvenir laissé par un tel comportement ? quel en a été le résultat ? la déception ou l'enthousiasme ?
>
> - si c'est ce dernier sentiment que vous avez retenu, qu'est-ce qui vous empêche de vous remotiver encore ainsi ou de renouveler cette expérience ? En y réfléchissant, vos pourrez mettre à jour les quelques blocages qui existent….
> - Si vous avez été déçu, travailler votre positivité pour permettra de persévérer dans le bon sens…. utilisez aussi l'humour pour vous aider à relativiser et lutter contre la morosité.

Voici quelques principes qui vous aideront à traquer les pensées indésirables

Les principes de l'affirmation positive

- Préférez les véritables modes affirmatifs en éliminant les négations de vos phrases : Autant dire « *c'est bien* », plutôt que « *ce n'est pas mauvais* ».
- Utilisez le « *Je* » assertif de préférence, afin de vous impliquer véritablement dans votre démarche. Décidez ainsi de votre pouvoir sur les choses et prenez-en la responsabilité : « *Aujourd'hui, je décide d'être optimiste et gai* »
- Parlez le plus souvent au présent de l'indicatif, comme pour actualiser vos vœux dans l'instant présent : « *je réussis ici et maintenant ce que j'entreprends* »
- Faites des phrases courtes, claires et précises si vous voulez que votre subconscient les enregistre facilement. Ne minimisez pas le pouvoir de cet outil invisible qui peut nous servir ou nous desservir à notre insu.
- Osez affirmez ce vous désirez vraiment et autorisez-vous à y croire.
- Apprenez ainsi à puiser dans vos ressources innées de volonté et de confiance.
- Entraînez-vous à être positif le plus souvent possible afin que cela devienne une seconde nature. Traquez sans répit les pensées qui trahissent vos sentiments d'inquiétude, de doute ou de peur. Au lieu de perdre du temps à vous plaindre, utilisez votre énergie à bon escient en parlant et en agissant positivement.

Être un prof heureux

Pourquoi ne pas s'entraîner à une vie de prof heureux ?

Vos cinq raisons d'être prof ou éducateur

Vous en avez assez de votre vie d'enseignant, au point de vouloir tout laisser tomber parfois ? Motivez-vous comme suit :

- Citez au moins cinq points positifs de votre vie d'enseignant (aller jusqu'à dix serait l'idéal).

Faites ressortir les aspects bénéfiques de votre métier ; pensez aux bons moments et aux victoires quotidiennes :

Par exemple, dites ce que vous préférez dans la relation humaine avec vos élèves ou avec vos collègues. Vous pouvez trouver, si vous le préférez, des arguments plus matérialistes : le fait de pouvoir gagner honnêtement et régulièrement votre vie, d'avoir du temps libre et un emploi du temps raisonnable, d'être relativement autonome, de rester en contact avec la jeunesse.

Ou encore sentez-vous fier d'être au service des autres, investi d'une mission éducative difficile mais importante.

Choisissez vos cinq raisons d'être un prof heureux, et placez-les en ordre décroissant d'importance.

1.

2.

3.

4.

5.

Complétez votre liste…

Commentaire

Si vous n'arrivez pas à trouver vos cinq motivations tout de suite, ne paniquez pas ; soyez indulgents avec vous-mêmes, ne laissez surtout pas tomber, mais prenez tout le temps qu'il vous faut. Vos idées se mettront en place progressivement ; il se peut que vous n'y arriviez qu'à la fin de cet ouvrage, ou au cours d'une deuxième lecture. Même si vous êtes déprimé, ne dites surtout pas « *de toute façon, c'est impossible d'être heureux comme ça !* », il est tellement plus facile de s'étendre sur ses problèmes !

Bannissez toutes les phrases qui d'ordinaire assassinent votre moral et donnez-vous pour mission cette semaine de trouver les avantages que vous tirez personnellement de ce métier.

Les chapitres suivants sont destinés à vous permettre de vous entraîner quotidiennement à l'optimisme si vous en avez besoin pour vous remonter le moral. Appliquez ces conseils non seulement pendant vos moments de détente, mais aussi dans toutes les situations de votre vie de prof.

On ne devient pas optimiste du jour au lendemain, il faut donc donner un petit coup de pouce au subconscient qui est là pour répondre à nos attentes.

De temps à autre, pensez à rallonger la liste des points positifs qui ravivent votre joie de vivre, d'enseigner et d'éduquer. Prenez l'engagement de le faire afin de stimuler votre propre motivation.

Savoir rebondir

Être positif est un véritable art de vivre. Les obstacles à notre optimisme étant nombreux, il faut savoir réagir à chaque situation et afin ne pas baisser les bras au moindre incident. Tel que nous montre le scénario suivant avec humour :

Imaginons un jour de malchance :

Car on a beau dire, pensée positive ou pas, il y a tout même des jours où rien ne va ! ça commence dès le lever du jour avec la première tuile (pas trop grave cependant) qui vous tombe sur la tête : *Zut ! j'ai cassé mes lunettes, ou bien j'ai renversé mon chocolat sur ma chemise, ou encore je n'arrive pas à démarrer ma voiture. Mais, ma foi, restons zen, ce n'est pas ça qui va me gâcher ma journée !* Et puis voilà que la journée se déroule avec son cortège de déconvenues : *juste quelques petits contretemps, et toujours rien de grave donc positivons* ! Pourtant, au prochain pépin, vous sentez la moutarde qui commence à vous monter au nez... fini la méthode Coué ! Vous arrivez à vous calmer en vous disant que ce n'est décidément pas votre jour de chance, mais qu'il faudra faire contre mauvaise fortune bon cœur.... *décidément c'est pas mon jour ! mais il faut faire aller !*

Vous relativisez un peu, jusqu'à ce qu'arrive la goutte qui fait déborder le vase : *Encore lui ! toujours le même élève qui fait le pitre ! cette fois-ci il va se prendre un bon zéro (et ma foi qu'est-ce que ça fait du bien sur le coup !*).

Mais, en rentrant à la maison, vous culpabilisez et de plus vous craquez quand vous vous apercevez que votre dîner a brûlé, ou que votre fils a encore fait des siennes ! vous vous résignez alors au pire.... *Laissons tomber, vivement l'heure du coucher, au moins je n'aurai pas besoin de me torturer l'esprit à être positif !*

Enfin au lit ! vous allez pouvoir échapper au cauchemar qu'est votre vie ! mais rien n'est moins sûr, car même nos rêves savent nous poursuivre quand nous n'avons pas su décompresser à temps...

Maintenant à nous ! Décryptons ensemble le début de ce scénario-catastrophe (scénario qui vous est certainement un peu familier). Et voyons comment on aurait pu s'en sortir dès les premiers aléas :

Après avoir laissé échapper quelques jurons pour certains au premier incident, ou joué les victimes comme d'habitude pour d'autres, il reste quelques solutions pour ne pas sombrer dans la dépression au fil des obstacles de la journée.

Voici quelques suggestions :

- Face à un problème, il est vraiment important de garder son calme pour ne tomber ni dans la colère, ni dans le misérabilisme. Commencez par respirer, cherchez la solution, réfléchissez sans penser au pire… Vous serez plus efficace et la solution apparaîtra plus vite. Dans ce dernier cas, remerciez la providence d'avoir pu régler ce problème ou tout au moins d'avoir trouvé une solution temporaire ou future ;

- Dans le cas contraire, gardez confiance, prenez le temps de respirer encore (physiquement et mentalement) afin d'y voir plus clair. Puis c'est le moment de ressortir votre batterie de pensées positives ou d'en inventer de nouvelles. Vous pouvez aussi choisir d'oublier momentanément le problème en vous attelant à une tâche positive.

Les bonnes idées surgissent rarement sous l'effet de la colère ou du désespoir. Après avoir mis de la distance entre le problème et vous, la meilleure solution s'imposera, et même si celle-ci ne peut être mise en œuvre immédiatement, vous vous sentirez soulagé.

Le fait d'avoir su garder votre calme, ou d'avoir pu positiver, vous redonnera confiance et la série noire s'arrêtera peut-être après cette première déconvenue. De plus, avec un peu d'objectivité, vous trouverez peut-être un bon côté à la chose ou en tirerez une bonne leçon. Toute médaille a un envers et un endroit. Il se peut que ce dernier mette du temps à se révéler.

Évidemment notre exemple de scénario est un peu exagéré, mais même dans les situations qui vous semblent les plus difficiles, faites confiance à votre intuition qui vous poussera vers vos propres solutions de bien-être. En laissant émerger et se développer peu à peu vos capacités à respirer et à faire le calme en vous, ce sont de nouveaux espaces et de nouvelles opportunités de bien-être qui s'ouvriront en vous, pour vous et à travers vous.

Reprendre son pouvoir

– face à soi-même

C'est à vous de décider de l'impact que les événements ont sur vous. Sans pour autant nier vos sentiments et vos émotions. Après avoir lâché prise de l'émotion sans restreinte (il est sain de s'autoriser à répandre quelques larmes ou d'exprimer sa colère), essayez de faire le vide. Puis, une fois le point fait sur un incident malencontreux, décidez de l'influence qu'il aura sur vous le reste de la journée. À partir du moment où il est sans gravité, ne le laissez pas gâcher votre humeur ou votre santé. Faites ce qu'il faut pour vous détendre. C'est ce que l'on peut appeler une prise de pouvoir sur les choses qui nous entourent ; et c'est une des manières de faire barrage au stress mental en toute responsabilité. Votre confiance et votre estime de soi n'en seront que renforcées.

- face aux proches

Reprendre son pouvoir, c'est aussi savoir dire non parfois, quitte à paraître égoïste. Refuser la fatigue, sortir des exigences familiales de temps en temps ne peut que vous faire du bien. Il est légitime de vouloir prendre du recul par moments, vos proches n'y trouveront rien à redire si vous leur revenez plus serein.

- face aux collègues et aux élèves grincheux

Amabilité, ouverture, écoute, humour ou encouragements peuvent vous épargner une certaine contagion pessimiste. C'est à vous de décider de ce que vous voulez partager avec les autres, en entamant un dialogue positif ou non.

Si vous pouvez faire le choix de vous entourer d'amis optimistes, il n'en est pas de même avec l'entourage professionnel. En tant que prof vous ferez parfois face à des collègues moroses ou à toute une classe d'élèves découragés.

Il est facile de se laisser envahir par la morosité ambiante, surtout face aux arguments ou critiques des collègues qui chercheront votre appui et approbation. Il faut donc résister à l'attrait des discussions stériles. Réfléchissez… quand cela vous est-il arrivé pour la dernière fois de perdre votre bonne humeur après une remarque morose ? ou de renchérir les propos négatifs d'un collègue lors d'une réunion ?

Vous avez toujours le choix, ne vous laissez pas influencer…. À vous de choisir de vous laisser empoisonner ou non par le pessimisme des autres.

Avec un peu d'entraînement, il se pourrait même que vous deveniez celui qui peut remonter le moral des autres et détendre l'atmosphère de la salle des profs !

Il arrive qu'on aie besoin d'un temps assez long pour se relever d'un événement traumatisant (décès, divorce, ou autre mauvaise nouvelle). Reposez-vous, **accordez-vous du temps**, laissez passer le cap du **défoulement de l'émotion** (sous peine d'être un jour rattrapé par le refoulement) ; puis quand vous serez prêts, décidez que demain sera un jour nouveau.

Votre bonheur dépend d'abord de vous, vous avez tout en vous pour surmonter les problèmes de la vie. Faites confiance à votre capacité de renouvellement, cette qualité propre à tout être humain.

Si vous avez tendance à la déprime, les conseils suivants vous sont particulièrement destinés ; ils vous aideront à en déjouer les pièges pour aller de l'avant.

Retrouver son âme d'enfant

Commencez par faire un retour en arrière :

Apprenez à *re*devenir positif. Car vous l'avez certainement été à un moment de votre vie.

Relaxez-vous et allongez-vous de préférence pour cet exercice de mémoire :

Fermez les yeux quelques secondes et repensez à votre enfance : pas seulement à toutes ces petites déceptions qui vous ont fait perdre graduellement vos illusions, mais surtout aux moments heureux.

Laissez émerger l'image d'un événement de joie, de plaisir ou de réussite, et retrouvez le sentiment d'émerveillement qui vous a alors habité. Ce sentiment de découverte joyeuse de l'existence, vous l'avez peut-être oublié, mais il est encore là enfoui en vous, dans l'enfant que vous avez été mais qui existera toujours au fond de vous-même. Utilisez cette ressource vitale pour rebondir et vous remotiver.

Retrouvez consciemment aussi votre âme d'enfant innocent ; cela est possible en exerçant votre faculté d'émerveillement. En admirant la beauté de la nature autour de vous : une fleur qui vient d'éclore, les yeux rieurs d'un enfant, en appréciant les plaisirs de la table, en pratiquant votre loisir préféré etc, etc….

Prenez l'habitude de savourer l'existence avec tous vos sens ici et maintenant pour profiter au maximum de l'instant présent.

Apprendre à lâcher prise

Avez-vous remarqué que plus vous étiez fatigué ou stressé, plus le sort s'acharnait sur vous. Évidemment, puisque plus on est stressé, plus on est fragile, et donc moins aptes à se défendre.

Se détendre physiquement est une première porte de sortie ; car aborder un problème à bout de souffle, en restant la proie du stress, c'est prendre encore le risque de décisions irréfléchies.

> Donc commencez d'abord par lâcher prise en vous relaxant ; allongez-vous si possible. Pratiquez votre méthode de relaxation préférée, (visualisation, relaxation en musique, mouvements, respiration, massage). Faites votre choix dans cet ouvrage. Le fait de ressentir consciemment votre corps en le relâchant, en le massant ou en respirant pourra vous aider à faire le vide, à oublier temporairement vos soucis.
>
> (Certains exercices de relaxation dynamique proposés plus loin dans cet ouvrage pourraient aussi vous convenir pour donner libre cours à une libération corporelle et mentale)

Ensuite, être moins fatigué vous aidera à relativiser le problème et à ne pas dramatiser.

Cependant si vous continuez à être obsédé par cet ennui, prenez consciemment la décision de ne plus y penser : ***Lâchez prise mentalement*** !

L'objectif est d'atteindre une sérénité relative en attendant des temps meilleurs :

> - Continuez à vous relaxer et décompressez en pensant à quelque chose d'agréable : un souvenir, un événement amusant, un être cher ; en fermant les yeux, laissez-vous imprégner par le sentiment de bien-être ainsi créé. Plongez dans ce havre imaginaire de paix, de plaisir ou de joie pour en ressortir apaisé.
>
> - Ensuite, pour tout oublier, passez à autre chose. Faites en sorte de vous atteler à une autre tâche, pour une fois, il serait peut-être bon de remettre votre travail au lendemain (à moins que cela vous captive vraiment) :
>
> - Positivez : passez en revue tous les points positifs de votre liste de motivation ainsi que tous les bons points de la journée. Après tout, vous êtes en bonne santé, vous ne mourrez pas de faim, et avez un toit au-dessus de votre tête et vous êtes pleins de qualités intéressantes....
>
> - Oxygénez-vous, s'il fait beau, profitez-en, sortez pour apprécier la nature...
>
> Mais encore,

- En cas de problème relationnel impliquant des rancœurs mutuelles, il vous faudra peut-être recourir au pardon :

Savoir pardonner est une grande qualité de l'être humain qui lui permet d'utiliser sagement son libre-arbitre. Pardonner à quelqu'un qui vous a froissé, c'est se montrer magnanime et c'est aussi un moyen simple de se délivrer du poids du passé. Mais surtout se pardonner à soi-même ses propres erreurs, c'est mettre un trait sur toutes les anciennes culpabilités qui vous rongent sournoisement, souvent inconsciemment d'ailleurs. Vous pourrez ensuite tirer un trait plus facilement. Dans tous les cas, cela vous aidera à repartir du bon pied dans la relation, et en outre augmentera votre estime de vous-même.

En conclusion, pour vous changer les idées, vous l'avez compris, il faut oser casser la routine ; accordez-vous de la douceur ; chouchoutez-vous et faites quelque chose d'inédit. Il ne s'agit pas forcément de faire quelque chose d'extravagant, mais simplement « d'*extra*-ordinaire » ; retrouvez d'anciens plaisirs oubliés comme aller au ciné en plein après-midi, dans un parc d'attraction, au musée, chez le coiffeur pour changer de tête etc.... bref, bousculez la routine, étonnez-vous, surprenez-vous, déballez vos batteries.

À bas l'ancien, vive le nouveau ! à la maison comme à l'école.

Oser le changement en classe

Oui, il est possible de lâcher prise à l'école : ***Osez innover aussi en classe*** dans votre manière d'enseigner ; pensez à renouveler votre matériel et vos procédés pédagogiques ; faites des sorties avec vos élèves par exemple, osez partager des moments d'humour et riez avec eux. Gustave Flaubert a dit : « *La plus perdue des journées est celle où l'on n'a pas ri !* ». Le temps que vous vivez avec vos élèves est précieux et vaut la peine d'être vécu pleinement.

À vous de trouver comment faire renaître l'enthousiasme dans votre âme d'enseignant. Si une idée pédagogique *extra*-ordinaire vous traverse et vous tente, ne la balayez pas sous prétexte de manque d'énergie ou de surplus de travail ; la satisfaction apportée vous aidera certainement à rebondir positivement.

Par contre, si vous avez toujours du mal à faire le vide, le véritable antidote réside alors dans votre capacité à vivre au présent, comme cela est décrit au chapitre suivant.

L'art de vivre au présent

Savoir apprécier sa vie *ici et maintenant* est le gage d'un bonheur simple.

Entraînez-vous à tout moment à la maison ; la pensée positive et l'art de vivre au présent peuvent être conjugués à toutes les tâches usuelles.

Hé oui, toute occupation habituelle peut nous aider à faire le vide.

Un exemple : Vous devez *encore* faire la vaisselle ! profitez de ce temps pour répéter vos phrases positives au lieu de vous lamenter. Comme dans la méthode Vittoz (c'est ce qu'il nomme les « gestes conscients »), vivez au présent en étant attentifs à tous vos sens. Sentez le contact de l'eau sur les mains, écoutez le bruit de l'eau, sentez l'odeur du savon, soyez attentif à ce que vous faites. Cela peut vous paraître farfelu, mais il s'agit d'un bon moyen de faire taire le discours intérieur que de faire des **actes conscients**.

Prenez votre temps (ôtez votre montre) et faites de même pour le balayage ou le jardinage. Expérimentez ainsi une autre façon de faire vos tâches ménagères (et ceci ne concerne pas seulement les femmes). Vous pouvez aussi vous adonner à des passe-temps plus plaisants : courses, sports, loisirs ; mais gardez toujours tous vos sens en éveil : en marchant ou en courant, sentez le contact de vos plantes de pieds au sol, écoutez-vous respirer. Accomplissez vos tâches en répétant des affirmations positives ou en les chantonnant. Restez en contact avec vos **sensations corporelles** pour garder le sentiment d'exister sans vous triturer l'esprit.

Le ridicule ne tue pas, surtout quand on est seul.

Ne vous arrêtez pas à l'aspect absurde de ces actions ; essayez les gestes conscients au quotidien comme on expérimente une dernière batterie de secours. Faire le vide de cette manière peut être très efficace pour la paix de l'esprit.

Utiliser les grand moyens : SOS Déprime

Au cas où, malgré tous vos efforts, la guigne, la colère ou la déprime vous poursuivraient, voici quelques dernières astuces pour chasser vos tourments :

Utilisez les grands moyens en créant vos *anti-sèches* :

Journal intime et anti-sèches positives

Quand on ne sait plus réfléchir avec un minimum d'objectivité, on peut encore écrire. Surtout si vous n'avez personne à qui vous confier, n'hésitez pas à noter vos impressions sur un carnet, un journal intime ou sur les pages de cet ouvrage qui y sont destinées. Pour faire le point d'une part, mais aussi pour vous motiver ou noyer définitivement vos idées noires.

Notre journal intime a pour principaux atouts d'être toujours ouvert, disponible, et peu contrariant. Inscrivez-y aussi vos affirmations positives (phrases motivantes, proverbes, points positifs, etc…). Vous y noterez vos progrès en datant chaque fois vos confidences.

Vous pourrez aussi inscrire vos meilleures affirmations positives sur une fiche (ou encore une carte, une belle image ou une photo selon votre goût), que vous transporterez en classe avec vous afin de la consulter à l'heure de la récré.

Pour une fois, en tant que prof, vous devriez apprécier l'utilité des anti-sèches ; puisqu'il ne s'agit pas ici de tricher à l'instar de certains élèves, mais surtout d'avoir toujours sous la main un mot motivant, un témoin qui vous rappellera vos bonnes résolutions ou la pensée positive du moment.

On n'est jamais à l'abri d'un coup de blues à l'école ; vous serez alors sûr de pouvoir tenir le coup et de retrouver la pêche à l'aide de vos *anti-sèches positives*.

Bien sûr dès que vous vous surprenez à ressasser vos malheurs, annulez ces pensées mentalement et répétez vos affirmations.

Pour peu que vous fassiez confiance à votre subconscient, ce dernier finira par enregistrer vos idées positives et vous suggérera comment les transformer en actes concrets. Chez vous utilisez la méthode des « post-it » : collez-les sur vos lieux de passage, à hauteur des yeux, et dans votre coin de relaxation… Si vous avez une âme d'artiste dessinez afin d'illustrer vos écrits ; cela sera un autre moyen de vous suggestionner, en plus de vos « pense-bêtes » de motivation.

En vous faisant confiance, vous trouverez certainement d'autres moyens de vous encourager au changement.

Accomplir des actes concrets

Une manière indispensable de se motiver concrètement est de mettre en œuvre quelque chose de positif le plus rapidement possible. Il ne suffit pas toujours de parler en remettant au lendemain votre prise de pouvoir. Affirmer sans mettre en acte serait de la pure démagogie, vous vous duperiez vous-même.

On peut toujours commencer par faire quelque chose pour résoudre ses problèmes. Après avoir fait le point, pesé le pour et le contre, trouvé une ébauche de solution, répété des pensées positives ; il faut prendre des initiatives, se tenir par la main et faire une « mise en acte ».

Choisissez quelque chose de simple à mettre en œuvre tout de suite, même une toute petite chose qui vous prouvera votre foi ; ce sera le début de la fin du problème.

Il peut s'agir d'un acte tout à fait symbolique qui sera à vos yeux un premier pas vers la sérénité ; réorganiser votre emploi du temps, commencer une nouvelle activité, prendre contact avec un vieil ami, vous offrir un cadeau, vous organiser un endroit de détente etc…

Vous êtes une personne unique et importante pour l'univers. Vous avez besoin d'un minimum de temps pour vous retrouver, vous ressourcer, seul ; alors déculpabilisez dès que vous passez quelques minutes à paresser. Sans complexe, soyez votre première priorité et prenez soin de vous-même. Etre bien dans sa peau est tout aussi important qu'être bien dans sa tête. La deuxième partie de cet ouvrage vous permettra de redécouvrir votre corps autrement que sous l'angle de ses raideurs ou de ses tensions. N'hésitez pas à aller à la rencontre de cette nouvelle corporalité qui ne demande qu'à se révéler à vous.

Voici quelques repères à méditer et à compléter personnellement :

Pour soi

J'ose être le meilleur de moi-même
J'ose avoir un idéal
J'ose vivre mes rêves
Je m'accepte et m'aime tel(le) que je suis avec mes qualités et mes défauts
Je me lève chaque matin avec un regard neuf
Je m'accorde le droit de réussir
Je choisis d'évoluer positivement
Je réussis tout ce que j'entreprends
Je suis à l'écoute de mes besoins et de mes désirs
Je prends le temps d'apprécier chaque instant de ma vie
Je profite de la vie ici et maintenant
Je mérite de prendre du temps pour moi
Je mérite de prendre soin de moi
Je mérite ce qu'il y a de meilleur
Je mérite de pourvoir à tous mes besoins
Je mérite d'être heureux
Je décide de faire place à la joie dans ma vie
Je décide de travailler dans la joie
Je transforme mes paroles et mes actes positivement
Quand je respire, je sens couler la vie en moi
Je respire et je vis à fond
Je m'autorise à ensoleiller ma vie chaque jour
Je m'autorise à me reposer et à jouir de la vie
Ce que j'aime chez moi, c'est....
J'ai confiance en ma capacité de......
Etc...

Pour soi et les autres

Je me réjouis d'avance de l'année scolaire qui commence
J'accepte de me laisser aimer ou apprécier
J'accepte de recevoir, car je le mérite
J'apprécie de plus en plus la compagnie des autres
je m'ouvre à des relations de travail épanouissantes
Je décide de m'ouvrir aux autres
Je suis performant(e) et efficace dans mon travail
J'accepte mes erreurs et celles des autres sans jugement
Je sais (et j'accepte de) réparer mes erreurs efficacement
J'ai confiance en ma capacité de gérer les conflits
Je sais rester calme face aux évènements
Je peux rester calme en toutes circonstances
Je fais confiance aux autres et à l'univers
J'ose exprimer clairement mes opinions et mes besoins
Je respecte mon propre rythme ainsi que celui de mes élèves
Je fais face sereinement aux changements d'humeur des autres
Je suis à l'écoute de mes collègues et de mes élèves
Je sais être souple et juste à la fois vis-à-vis de mes élèves
Je développe une attitude d'amour et de respect
Je mérite le respect et l'estime des autres
Je cesse d'attendre la perfection, de moi comme des autres
J'apprécie les autres tels qu'ils sont
J'ai confiance en la capacité des autres de....
Ce que je préfère chez mes élèves, c'est......
Etc...

Déclaration des droits du prof zen

1. *En tant qu'enseignant j'ai le droit d'instaurer des limites et de prendre soin de moi.*

2. *J'ai le droit de dire non quand je me sens fatigué(e), inapte ou menacé.*

3. *J'ai le droit de ressentir et d'exprimer tous mes sentiments et émotions : la joie aussi bien que la tristesse, la peur ou la confiance, la colère ou la gaîté.*

4. *J'ai le droit de ne pas être un prof parfait (qui d'autre l'est ?), tout en étant parfaitement heureux.*

5. *J'ai le droit de me relaxer, d'avoir des loisirs, de jouer ou de rire, (même avec mes élèves !)*

6. *J'ai le droit de changer, de m'améliorer, de grandir, de me réaliser, de m'épanouir.*

7. *J'ai le droit d'être apprécié et écouté de mon entourage, y compris professionnel.*

8. *J'ai le droit de faire des erreurs sans culpabiliser, puis de tenter de les réparer.*

9. *J'ai le droit de communiquer avec courtoisie avec tous, et de cesser toute conversation dès que je me sens agressé(e) ou énervé.*

10. *J'ai droit à de bonnes conditions d'enseignement, ainsi qu'à une vie abondante et pleine d'amour.*

11. *etc…*

Notes personnelles

« Ce que j'ai expérimenté...

- Ce que j'ai appris et découvert, sur moi-même, sur les autres, sur mon métier...

- Ce que je souhaite continuer...

- Ce que je décide...

- Mes choix et mes prochaines étapes

-

-

-

Se détendre à la maison et à l'école : exercices corporels

Qu'est-ce que la relaxation ?

Selon la définition du Larousse, la relaxation (du latin relaxatio signifiant relâchement) peut être au départ définie comme une méthode psychothérapique utilisant le relâchement conscient et la maîtrise du tonus musculaire. Mais au delà, selon les méthodes, elle peut aussi amener à un contrôle de l'affectivité et des émotions.

La pratique d'une méthode de relaxation ou de bien-être permet de ***récupérer*** *du stress, de la fatigue et favorise le* ***retour à une situation d'équilibre physiologique et mental****.*

Il ne faut cependant pas confondre relaxation et sommeil ; ce dernier constituant un autre état de conscience, indispensable à la survie de tout être humain.

L'état de détente se caractérise à l'électroencéphalogramme par l'émission d'ondes cérébrales dites alpha. C'est un état cérébral situé entre l'état de veille et celui de sommeil (respectivement ondes beta et theta).

Ce processus de ralentissement peut se faire de manière consciente ou non. Les méthodes de relaxation et de bien-être consistent à induire l'état alpha à des degrés divers et selon des buts spécifiques (relâchement musculaire, physiologique ou détente mentale, visualisation).

Outre la modification des ondes cérébrales chez le sujet en état de relaxation, des expérimentations scientifiques montrent d'autres signes sur le plan physiologique : un ralentissement des rythmes cardiaque et respiratoire, l'abaissement de la tension artérielle et du tonus musculaire.

La qualité de la détente acquise aura ensuite une influence positive sur la qualité de sommeil et/ou d'éveil du sujet.

Description des méthodes de relaxation utilisées

La respiration

C'est la première fonction de survie de l'être humain et celle qui lui permet d'être en interaction constante avec le monde qui l'entoure. Un corps, un cerveau bien oxygénés se revitalisent plus facilement; non seulement grâce au système d'équilibration entre ingestion d'oxygène et élimination de gaz carbonique, mais aussi grâce aux échanges facilités au niveau de la circulation sanguine et de toutes les cellules du corps. Les toxines - et les tensions musculaires occasionnées par celles-ci - s'éliminent mieux quand on respire plus largement.

Bien que la respiration soit une fonction naturelle, il existe plusieurs manières de respirer, plus ou moins bonnes comme nous le verrons plus tard. Calmante ou dynamisante, la respiration consciente permet à l'individu de « reprendre son souffle ». En état de relaxation, le rythme de la respiration va se ralentir pour devenir plus profond et plus régulier. Mais quelle que soit l'approche corporelle, dynamique ou non, il est important de porter une attention spéciale au **rythme du souffle**.

Les enseignants, qui en général font un grand usage de la parole, ont besoin d'apprendre à gérer leur souffle pour être plus performants vocalement. D'autre part, la maîtrise de la respiration peut aussi leur donner les moyens de maîtriser leur humeur dans des circonstances de communication difficile.

La visualisation

Visualiser c'est imaginer, se représenter un objet absent, une scène, une sensation, un souvenir. Nous expérimentons tous des états d'hypovigilance pendant lesquels nous laissons vagabonder nos pensées de manière spontanée : nous rêvons ou nous sommes « dans la lune ». Dans l'état de relaxation, il est possible de susciter l'émergence d'**images mentales** et à partir de notre vécu de laisser se développer notre imaginaire. Des **représentations sensorielles** peuvent aussi émerger à partir de cette technique; par exemple provoquer un souvenir, agréable ou non, peut réveiller des réactions corporelles diverses, à travers nos cinq sens.

Contrairement à ce que pensent souvent certains enseignants, qui voient leurs élèves rêvasser pendant les cours avec consternation, ces moments d'hypovigilance sont naturels, voire utiles. Le temps consa-

cré à la rêverie n'est pas du temps perdu : il s'agit d'un instant de **détente** dont l'esprit à besoin pour faire une pause. L'individu peut se construire un espace intérieur de relaxation mais aussi construire son propre monde imaginaire, qu'il pourra par la suite différencier du réel. En outre, la visualisation constitue un atout car elle aide à l'intégration du vécu, à la construction mentale de nouveaux concepts, comme cela se fait pendant le rêve.
Les adultes que nous sommes avons perdu le sens de la rêverie ; nous ne rêvassons plus de manière spontanée, car nous avons appris à brider notre imaginaire pour faire face aux dures réalités de l'existence. La technique de visualisation peut aider à stimuler en nous cette **fonction créatrice** de manière volontaire.

Le massage

Voici un outil de détente dont l'usage quotidien s'avère à la fois utile et pratique pour l'enseignant. Un bref auto-massage peut se faire discrètement, assis ou debout à tout moment de la journée, à l'école comme à la maison, et soulage rapidement des douleurs et raideurs musculaires.
Notre culture occidentale, autrefois si puritaine, a longtemps banni le sens du toucher. Cependant les mentalités ont évolué avec les besoins de mieux-être du monde moderne. Pratique ancestrale en Asie et en Afrique, le massage se vulgarise donc maintenant en Europe et constitue un des meilleurs moyens de **dénouer un corps crispé**.
Les vertus du massage sont multiples : relaxation, relâchement musculaire, prise de conscience de soi, de ses limites et de son schéma corporel, découverte de la sensorialité de son corps. D'autre part, le toucher est un excellent moyen de communication, qu'il soit intime ou pas ; il devrait nous mener à l'écoute et au respect de soi et des autres. Notre peau toute entière nous met en contact avec l'extérieur, et nos mains en particulier sont nos instruments de découverte de l'univers. Elles nous permettent en effet d'être en interaction avec le monde, avec les autres, mais surtout avec nous-même. D'où l'intérêt particulier de l'auto-massage, qui favorise la **connaissance de soi**. De plus, en se massant elle-même toute personne a la possibilité d'être autonome dans la gestion de son bien-être.

La méthode Vittoz

Cette relaxation dite psychosensorielle a son origine dans une thérapie proposant un travail sur la réceptivité et l'émissivité du cerveau à travers les cinq sens.
Le Docteur Vittoz, né en Suisse, avait mis au point au début du XXème siècle cette thérapie de rééducation du contrôle cérébral destiné au traitement des psychonévroses.

La méthode proposait un travail sur la volonté et la concentration, en passant par les actes conscients. Ainsi le sujet apprenait-il à maîtriser ce que Vittoz appelait son vagabondage cérébral.

Le cerveau humain est à la fois émetteur (pensées, images mentales), et récepteur (perception des informations par les sens et le système nerveux central). La rééducation a donc pour but de réduire le déséquilibre qui existe entre les deux fonctions. C'est un déséquilibre qui s'accroît souvent avec l'âge, puisque l'enfant est en général plus proche de ses sensations pures que l'adulte ; ce dernier ayant progressivement appris à nommer et juger les choses qui l'entourent (sans plus prendre vraiment le temps de les percevoir).

Le travail de réceptivité fait à travers la mise en activité des perceptions sensorielles aident la personne à **réorganiser sa relation à l'environnement** extérieur et ceci à travers l'expérience d'un **vécu corporel plus intime**.

D'autre part, la production d'idées, la représentation d'images mentales, la créativité en somme, relève du domaine de l'émissivité.

Les exercices proposés dans cet ouvrage font souvent appel à la dualité réceptivité-émissivité ; de même qu'au concept des gestes conscients vécus pleinement en tant qu'actes volontaires d'ouverture dans le temps présent.

La méthode *vittozienne* nous apprend à apprécier chaque moment de notre existence de manière unique et avec tous nos sens. Dans toutes les circonstances de notre vie (professionnelles ou non), nous pouvons **être plus présents à nous-mêmes ici et maintenant,** donc mieux nous sentir dans notre corps. C'est ainsi que ceux qui nous entourent, nos élèves entre autres, pourront profiter de cette qualité de présence positive.

La relaxation progressive de Jacobson

La méthode du Dr Jacobson, américain d'origine, vise à obtenir une diminution « consciente » du tonus musculaire.

Tout muscle, même au repos, subit un certain degré de tension. Un sujet stressé qui montre des signes de tension musculaire élevée (hypertonie) pourra apprendre à déceler chez lui cet état tonique excessif afin de le réduire.

L'apprentissage du **contrôle musculaire** se caractérise par des exercices de contraction et de relâchement successifs ; sachant que la relaxation neuro-musculaire entraîne aussi une diminution de la tension émotionnelle, cette méthode ne se réduit pas à une série de mouvements.

Elle est intéressante en ce qu'elle apprend plusieurs choses importantes à la personne, soit à :

éviter le gaspillage d'énergie - par une posture tendue ou un compor-

tement agité,
avoir conscience de soi et à se concentrer - puisque le repérage de son propre tonus nécessite une attention et une vigilance accrues et quasi-permanente.
mieux se connaître - en s'observant chacun arrive à comprendre comment il fonctionne et il réagit.
être plus autonome : car on apprend à gérer tout seul ses réactions excessives.
Tous ces apports constituent des atouts précieux pour tous, et en particulier pour l'enseignant, en lui permettant de mieux canaliser ses tensions et donc de mieux fonctionner en classe.

La sophrologie

Très connue et utilisée actuellement, cette méthode est appréciée aussi bien dans le domaine médical, pour prévenir la douleur, que dans le domaine sportif en vue de performances accrues. Son fondateur colombien, le Dr Caycedo, s'est inspiré de méthodes traditionnelles orientales, ces dernières ayant été modernisées afin d'être adaptées aux exigences du monde occidental.
La sophrologie dispose de techniques dynamiques, mais aussi plus contemplatives. Les exercices de relaxation dynamique constituent les quatre premiers degrés de la méthode ; les processus suivants, plus passifs, ont pour but d'atteindre l'état alpha de relaxation.
Des exercices dynamiques simples et pratiques, alliés à la respiration, seront efficaces aussi bien à l'école qu'à la maison afin de **se relâcher, se dégourdir ou se ressourcer**. D'autre part, on peut aussi travailler l'intégration du positif et la confiance en soi, pour atteindre de meilleures performances vis-à-vis d'un objectif.

Le brain-gym

En français « mouvement pour l'apprentissage », le brain-gym (*brain :* mot anglais signifiant *cerveau*) est issu d'une méthode américaine appelée « kinésiologie éducative ». Cette méthode psychomotrice est d'abord un **outil d'aide à l'apprentissage,** mis au point par le Dr Paul Dennison. Les exercices de brain-gym apportent une amélioration rapide des activités éducatives de base que sont l'apprentissage de la lecture, de l'écriture, ainsi que le développement de la compréhension, de la concentration et de la motivation. Si le brain-gym est tout particulièrement destiné aux apprenants, il ne peut être que bénéfique aux enseignants qui y trouveront des mouvements de gymnastique douce et des étirements appropriés à leurs besoins de stimulation intellectuelle.
En effet, en mobilisant certains muscles, nous stimulons les fonctions cérébrales correspondantes. Certains exercices par exemple, dont les

mouvements croisés présentés plus loin ont pour but d'accroître la coordination entre les deux hémisphères du cerveau (gauche-droite) et de rééquilibrer la latéralisation du corps. Cette dernière étant essentielle quant à notre capacité de compréhension, ainsi que pour la lecture ou l'écriture par exemple. Cette méthode, qui a surtout une fonction d'éveil plus que de détente, est donc particulièrement indiquée aux pédagogues. Pour aller plus loin dans la méthode et être capable de l'utiliser en classe avec les élèves, nous renvoyons le lecteur motivé à notre bibliographie, en fin d'ouvrage.

En conclusion, les méthodes décrites ci-dessus constituent les principales sources des exercices choisis ici pour la détente de l'enseignant. Elles seront cependant souvent associées entre elles ou à d'autres techniques existant par ailleurs, notamment quelques-unes d'origine asiatique, en particulier :

Le *yoga*, d'origine indienne, qui permet de développer concentration et paix intérieure (le mot *yoga* signifie *union* entre le corps et l'esprit),

Le *shiatsu* et le *do-in* (auto-massage issu du shiatsu), d'origine japonaise, qui permettent de rétablir une bonne circulation de l'énergie vitale à travers les méridiens (circuits constitués de points énergétiques) du corps.

Le *qi-gong*, d'origine chinoise, qui comme le *tai-chi* consiste en une gymnastique lente alliée à la respiration pour la maîtrise et la circulation de l'énergie (le terme *qi* ou *chi* signifie *énergie*).

Se détendre à la maison

Pourquoi se détendre chez soi ?

Certes, il est nécessaire à tout enseignant de savoir gérer ponctuellement son stress à l'école, mais afin d'acquérir une rapide capacité de relaxation il est essentiel de « s'entraîner » au relâchement des tensions physiques et psychiques quotidiennement à la maison.

Avoir une pratique régulière (sans toutefois se forcer) sera bénéfique, jusqu'à ce que l'entraînement fasse place à un véritable mode de vie, avec des habitudes et des réflexes de détente efficaces.

En tant qu'enseignant, éducateur ou animateur, vous avez peut-être déjà découvert des astuces pour retrouver le calme à l'école. Vous obtiendrez certainement une détente immédiate en passant par ces « trucs » anti-stress mais le bien-être acquis sera superficiel et éphémère ; tandis qu'en prenant le temps qu'il vous faut réellement chez vous, vous aurez l'occasion d'aller plus en profondeur dans les exercices, avec des effets plus durables.

Où et quand se détendre ?

Il est parfois difficile de s'accorder du temps. Et même quand il nous en reste peu, nous trouvons encore le moyen de grignoter sur notre temps libre pour travailler.

Les femmes sont particulièrement concernées ici, tant la société a voulu en faire des *super-women*, aptes à tout faire, vite et bien. Et il se trouve que beaucoup de femmes évaluent leur propre estime de soi au nombre de tâches (ménagères, professionnelles, familiales) accomplies en une journée. Quant aux hommes, ils sont sensé être hyper-performants professionnellement.

Osez **sortir des schémas pré-établis** et accordez-vous le droit au repos !

Décidez d'un court temps de détente au départ, quelques minutes, un quart-d'heure, voire une demi-heure ou plus.... Réfléchissez à la façon dont vous aimeriez vous occuper de vous à cet instant-là ; plutôt que de plonger sur les copies, peut-être aimeriez-vous prendre un bon bain chaud. Avant de vous mettre à la vaisselle aussitôt rentrée, peut-être rêvez-vous de vous allonger pour écouter de la musique ou vous relaxer.

Prendre du temps pour soi a une autre vertu, celle de ne pas être frustré et de ne pas culpabiliser les autres quand eux en prennent autour de vous. Quoi de plus énervant que de voir les autres paresser quand on est soi-même en train de trimer !

Quand vous prendrez le temps de vous détendre, vous serez moins fatigué, donc de meilleure humeur, plus efficace et moins exigeant, et même plus disponible et ouvert aux autres. Mais, surtout et c'est le plus important, vous serez mieux à l'écoute de vos besoins.

Premièrement, afin de vous permettre de vous détendre régulièrement et dans le calme, mieux vous aménager un « **coin-détente** » agréable, de préférence dans une pièce où vous ne serez pas dérangé : un lit ou un fauteuil confortable dans la chambre ou le bureau fera l'affaire ou dans tout autre endroit où vous pourrez écouter de la musique ou mettre des senteurs agréables. Installez-vous toujours confortablement et si nécessaire demandez à votre entourage de ne pas vous déranger durant quelques minutes... Le fait d'avoir un coin bien à vous, décoré et aménagé selon votre gré vous motivera dans votre démarche de bien-être.

Vous serez certainement impatient de commencer à expérimenter cet instant de plaisir autonome dès votre retour de l'école.

Ensuite, une fois votre coin-détente choisi, à vous d'imaginer maintenant le scénario qui vous correspond le mieux : osez visualiser ces instants futurs de bien-être et faites votre choix :

Scénario n°1

Imaginez en effet votre retour après un jour de classe épuisant ; au lieu de laisser vos anciens instincts vous jouer de mauvais tours en vous jetant sur un encas, un verre d'alcool ou une cigarette (ou pire encore sur la vaisselle de quatre jours), vous passez sous la douche pour bénéficier des effets relaxants de l'eau tiède, puis vous vous livrez à l'exercice qui vous attire le plus. Vous vous accordez ainsi une dizaine de minutes ou plus et c'est sereinement que vous entamez ainsi votre début de soirée, car vous êtes alors de meilleure humeur et moins fatigué(e). Ensuite, votre sommeil se fait plus profond et votre nuit se révèle plus bénéfique que d'habitude.

Scénario n°2

Il se peut cependant que vous soyez chargé de famille, et que vos obligations vous empêchent de vous occuper tout de suite de vous. Vous attendez alors résolument le moment le plus opportun et quand vous êtes seul(e) en fin de soirée, vous vous accordez une de vos relaxations préférées.

> *Imaginez que vous vous sentiez particulièrement irritable, au lieu de perturber votre entourage par votre stress, vous choisirez de leur demander de vous accorder quelques minutes de solitude. Cela aura certainement pour effet de vous aider à récupérer de la fatigue de la journée et d'être alors plus disponible pour vos proches. Ces derniers ne se sentiront pas frustrés des quelques minutes dont vous les avez privés en vous retrouvant d'humeur plus sereine.*

Scénario n°3

> *Il existe un autre cas de figure qui pourrait vous aider à passer de meilleures journées : c'est de vous réveiller en douceur le matin si vous estimez avoir du temps seulement au lever du jour ; ceci soit en respirant ou en faisant des mouvements plus toniques si vous sous sentez mous par exemple.*
>
> *Vous vous levez ainsi du bon pied en vous étirant d'abord dans votre lit ; puis vous respirez et détendez votre corps, assis ou debout. Il vous suffit de faire sonner votre réveil quelques minutes plus tôt.*

Tentez votre chance et faites l'essai de l'un de ces scénarios, aménagé à votre convenance, ou inventez-en d'autres. Qui sait ? le résultat pourrait vous surprendre….

Dans tous les cas, c'est votre **persévérance** et votre **régularité** qui feront la différence, et qui vous permettront de bâtir *« un havre de sérénité au milieu de la tempête de la vie » (témoignage d'un éducateur stagiaire, débutant en relaxation)*. Alors n'hésitez pas à prendre soin de vous et goûtez aux plaisirs de la détente chez vous !

Notre façon de nous positionner à chaque moment de la journée est révélatrice des tensions que nous portons en nous (y compris nos états d'âme). Lorsque les tensions corporelles sont persistantes elles influent négativement sur notre schéma corporel. Prendre conscience de sa posture est donc un élément indispensable à un travail de relaxation comme dans toute approche psychocorporelle. Car le corps et l'esprit sont liés, en ce sens que toute posture d'ouverture encourage chez l'individu une attitude ouverte vers le monde, tandis que toute posture crispée ou renfermée encourage le repliement sur soi.

D'où l'utilité d'une observation quasi-permanente de nos propres postures en relation avec nos différents états d'être intérieurs au cours des activités de la journée.

C'est ainsi que la relaxation nous permet de travailler notre **conscience de soi** à travers une certaine **discipline corporelle**. Si, en lisant ce livre, vous retenez au moins ces deux dernières notions et que vous les mettez en pratique, vous aurez retenu l'essentiel : **l'auto-observation** est la **clé de la maîtrise de soi**.

Une observation permanente, mais indulgente, de notre posture nous aide à adopter des réflexes écologiques appropriés à notre organisme et à notre mental.

En effet, prenez l'habitude de :

- vous redresser, en inspirant bien, dès que vous êtes avachi sur votre chaise ou que vous vous sentez morose, afin de vous re-dynamiser ; ou de
- vous relâcher, au contraire, quand vous remarquez une tension musculaire ou que vous êtes sous l'emprise du stress, afin de vous détendre ponctuellement ; ou de
- sentir vos pieds au sol, assis ou debout, pour vous enraciner et donc vous recentrer quand vous êtes déconcentré (voir schémas de postures) ; ou de
- vous mettre sur le dos en position allongée dès que cela est possible à la maison afin de vous reposer dans une position correcte.

Dans tous les cas, et surtout pour les deux premières postures qui concernent la station debout et la station assise, cultivez le réflexe de garder le dos droit le plus souvent possible surtout pendant le travail du souffle :

La première étape, qui est aussi le premier bienfait de ces postures, c'est d'apprendre à **se tenir droit** aussi bien à la maison qu'à l'école (pour donner l'exemple aux élèves :

Se tenir droit, que l'on soit debout ou assis, c'est redresser la colonne vertébrale, sans créer de tensions dans les muscles, et ouvrir légèrement le torse afin de dégager la partie avant du corps. Dans quel but ?

- D'une part, les muscles du dos se tonifient ainsi doucement ; ce dernier souffre alors moins des mauvais positionnements de faux confort que nous avons tendance à prendre négligemment et qui créent lordoses, cyphoses ou douleurs dorsales ;
- d'autre part, cela nous permet de respirer plus largement, en libérant le passage de la colonne d'air dans le buste, des narines jusqu'au diaphragme ;
- sans compter la fonction dynamisante (au propre comme au figuré) d'une posture ouverte, que nous avons déjà mentionnée ci-dessus.

Voici un descriptif des trois postures de base (debout, assis, allongé) :

La posture debout

- Prenez la station debout et vérifiez la souplesses de vos articulations, au niveau du cou, des épaules, des bras, des genoux en soufflant tranquillement ;
- écartez légèrement les jambes (de la largeur du bassin) ; sentez bien le sol sous les pieds en les pressant légèrement par terre (fermez les yeux pour sentir toute la plante du pied droit, du talon aux orteils, puis faites de même avec le pied gauche) ; vous aurez peut-être la sensation d'avoir les pieds collés au sol ou d'être enracinés ;
- sentez-vous bien souples sur vos jambes, secouez-les au besoin si vous y décelez des raideurs ou des tensions musculaires ;
- rentrez le bassin vers l'avant (petite bascule de l'arrière vers l'avant en rentrant les fesses) ;
- gardez le dos droit, tout en prenant soin de bien relâcher les épaules, les bras le long du corps ;
- rentrez légèrement le menton, tout en gardant bien la tête dans le prolongement du corps, comme si cette dernière était suspendue par un fil au sommet du crâne.

Si vous voulez aller plus loin, pratiquez une **détente debout,** gardez cette position en relâchant bien toutes les parties du corps qui vous semblent encore tendues, profitez-en pour respirer largement dans le relâchement. Pour aller plus loin dans la détente, laissez vos yeux errer dans le vague ou fermez-les quelques secondes. Si vous êtes bien en équilibre et bien positionné, vous pouvez tenir ainsi debout assez longtemps. Pour finir, profitez-en pour vous étirer, respirer, bailler avant de reprendre vos activités.

La posture assise

La posture sera à peu près la même que la posture debout :

- Asseyez-vous en poussant un grand soupir afin d'activer un relâchement de toute la physiologie ;
- respirez, baillez à votre guise et étirez-vous, si besoin est, pour détendre les articulations ;
- rentrez le menton, en gardant la tête droite
- relâchez les épaules et gardez-les basses, les bras étant positionnés de préférence sur les cuisses et de manière très détendue
- gardez le dos droit, laissez-le se positionner en se calant sur le dossier qui lui sert de support ;
- ressentez le siège sur lequel vos fesses et vos cuisses reposent, et veillez à en relâcher les muscles en les sentant simplement très lourds sur la chaise ;
- pensez à respirer largement en passant mentalement en revue le reste du corps pour en vérifier le relâchement ;
- bougez les articulations (genoux, chevilles) avant de vous stabiliser dans une position confortable ;
- Vous allez ensuite pouvoir sentir le sol sous les pieds (pieds bien à plat au sol comme pour la posture debout).

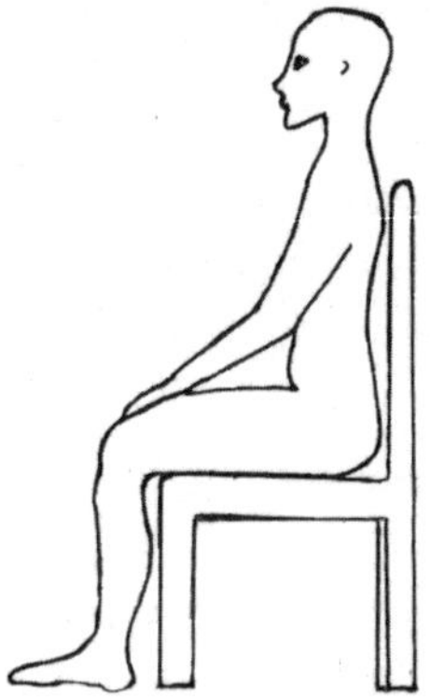

Et pour terminer, *si vous désirez aller plus loin* dans la détente : fermez les yeux (ou laissez-les errer dans le vague) quelques secondes ou quelques minutes selon votre disponibilité, en continuant à respirer doucement et largement. Sentez de nouveau tous les points de contact de votre corps avec la chaise puis le sol, en vous relâchant bien sur ces supports. Avant d'ouvrir doucement les yeux et de vous lever, prenez le temps de bailler et de vous étirer.

La posture allongée

Allongez-vous sur le dos de préférence afin de mieux ressentir le contact des différentes parties du corps avec votre support de relaxation (tapis, matelas). La technique consiste simplement à vous lover le plus confortablement possible :

- en rentrant le menton ;
- en tournant légèrement la tête de chaque côté ;
- en relâchant toujours les épaules et les bras le long du corps, paumes vers le ciel de préférence ;
- faites la bascule du bassin vers le haut, afin d'allonger la colonne vertébrale le plus possible et d'en supprimer la cambrure (s'il le faut pliez provisoirement les jambes) ;
- allongez maintenant les jambes en laissant les pieds se relâcher vers l'extérieur.

Si vous voulez aller plus loin dans la détente : fermez les yeux, et si vous êtes chez vous, savourez alors le relâchement de tout votre corps en respirant bien (voir respiration abdominale) ; passez en revue tous les points de contact avec votre support (des talons jusqu'au crâne). Laissez-vous aller à la détente quelques instants, prenez une image agréable pour vous changer les idées s'il le faut. Avant de vous relever tout doucement, prenez le temps de vous étirer, de bailler à votre guise et ouvrez progressivement les yeux.

Pour ces trois postures de base, et comme dans toute démarche de relaxation, il faudra surtout veiller à :

- bien relâcher les muscles : pas de bras ni de jambes croisés, mais au contraire détendus jusqu'au bout des doigts ou des orteils ; songer aussi à bien détendre les muscles fessiers ;
- desserrer la mâchoire, pour pouvoir respirer éventuellement par la bouche et détendre les muscles du visage ;
- décontracter le ventre (respiration abdominale).

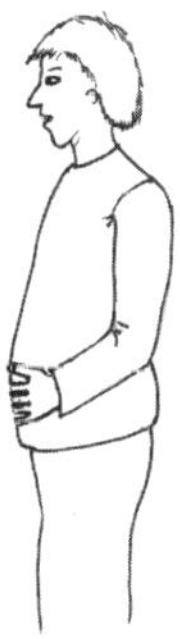

Entraînez-vous à cette discipline en étant debout ou assis quotidiennement et en toute occasion, à la maison puis à l'école.

Par détente active, nous entendons ici tous les exercices de relaxation incluant des mouvements auxquels le corps participe de manière plus ou moins dynamique. Si vous souffrez de problèmes articulaires ou de maladies chroniques, assurez-vous auprès de votre médecin ou thérapeute que vous êtes bien en mesure d'effectuer les mouvements proposés ci-après. Effectués en douceur, ces derniers devraient vous apporter un **bien-être progressif**.

1ère série d'exercices : Contrôler son tonus musculaire

1) Asseyez-vous confortablement et commencez par serrer un poing doucement, puis relâchez en ouvrant la main, inspirez-soufflez... ;

- serrez de nouveau la main un peu plus fort puis ouvrez-la en étant attentif au relâchement des muscles des doigts et de la main en respirant bien... ;
- recommencez l'opération en serrant plus fort le poing, ainsi que l'avant-bras, puis prenez soin de bien relâcher ces derniers sur un support (table, cuisse) ;
- tendez maintenant le bras tout entier, fermez le poing et sentez les muscles du bras, de l'avant-bras et de la main se raidir le plus possible ; profitez-en pour vous observer : comment ressentez-vous cette tension du membre supérieur, cela est-il fatigant ? serrez-vous la mâchoire ? d'autres parties du corps sont-elles tendues ? avez-vous la respiration coupée ? puis lâchez tout, avec un grand soupir sur votre support. Laissez maintenant se ramollir le bras jusqu'au bout des doigts en respirant bien ;
- observez le relâchement du bras, soit en regardant ce dernier, soit en fermant les yeux pour mieux le ressentir, mais dans les deux cas bougez légèrement les articulations (coude, poignet, doigts) ; comment se manifeste la détente du bras ? est-il encore un peu tendu, coloré, dur ou mou, lourd ou léger, chaud ou froid ? avez-vous envie de bailler, de fermer les yeux ? Prenez le temps d'accueillir vos sensations, simplement, sans les juger et de bien respirer avant de passer à l'autre bras. Puis, essayez le même exercice les deux bras en même temps une autre fois.

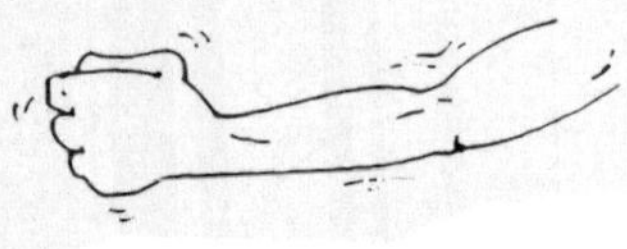

2) Le même type d'exercice peut se répéter avec les membres inférieurs ; une jambe tendue parallèle au sol, tendez la pointe du pied vers vous ou encore recroquevillez fortement les orteils, puis relâchez le pied sur le sol, et soufflez,

- vous allez ensuite raidir non seulement le pied, mais aussi la jambe, et enfin sentir progressivement la cuisse se durcir ; faites l'effort de rester dans cette position quelques secondes en observant comment vous réagissez à la tension, cela vous aidera à mieux repérer cet état par la suite ; puis lâchez la jambe avec un grand soupir ;
- pour relâcher la jambe, secouez-la, respirez, puis accueillez vos sensations ;
- passez à l'autre jambe, et si vous n'êtes pas trop fatigué, essayez les deux jambes en même temps.

3) Pour finir vous pouvez si vous le désirez, expérimenter la tension du corps tout entier en y rajoutant le buste. Vous ressentirez une fatigue plus intense donc plus évidente à percevoir, et vous devrez vous appliquer à bien relâcher toutes les parties du corps pour récupérer ; ceci toujours avec l'aide de la respiration et en position allongée de préférence.

Remarques

Pour les individus très tendus, agités ou hyperactifs, l'essai de cet exercice inspiré de la méthode Jacobson peut se révéler très efficace ; il s'agit en effet d'apprendre à repérer l'état de tonicité de ses muscles pour les relâcher quand besoin est. En effet, beaucoup d'entre nous ont une tendance marquée à l'hypertonie, sans même s'en en rendre compte : par exemple, crispation des doigts ou des orteils, épaules constamment relevées, fessiers toujours serrés, etc. Il s'en suit un gaspillage d'énergie ainsi qu'une apparition prématurée de la fatigue à certains endroits du corps. Une auto-observation plus fine de la manière dont se manifestent nos crispations nous aidera dans un premier temps à les déceler ; ensuite la pratique de ce type d'exercice nous apprendra à faire la différence entre tension et détente.
Avec l'habitude, nos raideurs musculaires deviendront plus perceptibles et le relâchement deviendra un réflexe plus automatique.

N.B. : Les trois parties de cet exercice peuvent tout à fait se faire séparément.
Même la pratique du début de la première partie uniquement peut s'avérer efficace comme entraînement. En faisant l'expérience de l'alternance 'tension-relâchement' du poing en tant qu'exercice au quotidien, vous saurez comment passer plus facilement de l'état de tension à l'état de relâchement.

2ème série d'exercices : S'étirer

Colonne vertébrale et chaîne musculaire postérieure

Pour débuter ce premier exercice, prenez la station debout telle qu'elle est expliquée dans le chapitre sur la posture. Debout, les pieds bien à plat au sol, pliez légèrement les genoux afin de les garder souples pendant toute la durée de l'étirement. Vous allez baisser la tête et les bras vers le sol. Pour ce faire, ne vous précipitez point; au contraire allez-y très progressivement, en respirant à votre rythme :

1- en position debout

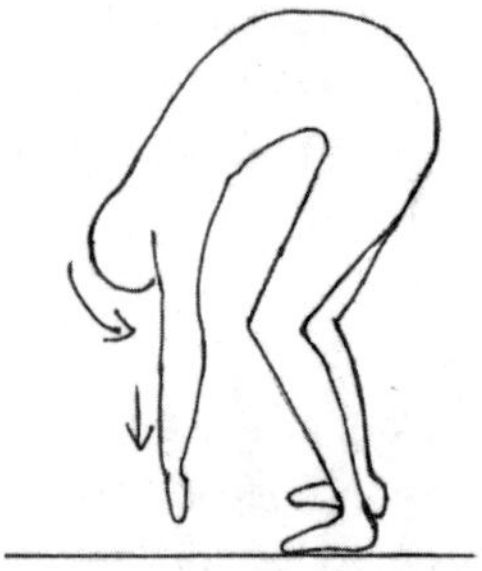

- Commencez par rentrer le menton et penchez lentement la tête vers le sol, arrondissez le dos et laissez le poids des bras et de la tête vous entraîner jusqu'à toucher le sol si possible (vous pouvez plier légèrement les genoux en cas d'inconfort). Détendez la nuque et sentez la lourdeur des bras et de la tête.
- Amorcez maintenant la remontée en reprenant le déroulement de la colonne vertébrale dans l'autre sens. Prenez soin de bien repartir du bas du dos en remontant et en gardant le dos rond et les jambes fléchies. Vous devez avoir l'impression de sentir se dérouler la colonne vertèbre après vertèbre (du sacrum au cervicales), terminez en relevant la tête.
- Maintenant que vous êtes dans la position initiale, respirez tranquillement quelques secondes. Vous allez maintenant étirer les bras vers le haut sans lever la tête (pour garder les vertèbres cervicales bien droites). Les mains et les bras tendus vers le ciel, pour intensifier l'étirement, vous allez pousser sur les orteils en montant les talons, inspirez bien en tirant; puis soufflez et redescendez les bras doucement.
- Prenez quelques secondes pour respirer à votre rythme et pour apprécier le relâchement des muscles du cou, des épaules, du dos et des jambes. Reprenez l'étirement ou en cas de fatigue, allongez-vous à la fin de l'exercice.

2- en position assise, jambes au sol

- Asseyez-vous sur le sol ou sur un matelas dur (évitez un support mou), les jambes sont allongées, le dos est droit et les épaules sont basses pour commencer ; respirez tranquillement quelques secondes pour vous installer et détendre un peu le corps ;

- laissez maintenant aller le haut du corps vers l'avant ; rentrez le menton, baissez la tête vers les genoux, le dos rond ; pour l'instant, les bras sont allongés de chaque côté des jambes ;
- dans cette position, tendez les jambes en tirant vers vous les pointes de pied, vous devez sentir l'étirement des fessiers, des cuisses et des mollets.
- respirez quelques secondes dans cet étirement, puis relâchez les jambes, bougez les articulations (genoux, chevilles) et redressez le dos ;
- reprenez en faisant cette fois-ci un étirement complet : tirez sur les talons, et en même temps tendez les bras en dirigeant les mains vers les pointes de pieds, tête baissée. L'essentiel n'étant pas d'atteindre absolument les pointes de pied, mais de sentir l'étirement de toute la partie postérieure de votre corps et de bien respirer en tirant ;
- relâchez ensuite les bras sur le côté, puis les jambes en les roulant de gauche à droite (les pieds doivent faire un mouvement d'essuie-glaces), bougez encore les articulations. ;
- vous pourrez alors redresser le dos et terminer par une *torsion du buste* en position assise : Les jambes et le bassin étant collés au sol, gardez la tête et le dos bien droits et tournez-les sur un côté comme pour regarder en arrière ; les deux bras se retrouvent du même côté pour accompagner le mouvement. Pensez à expirer pendant la torsion et à inspirer devant, avant de tourner du côté opposé ;
- reprenez encore cette torsion des deux côtés, et cette fois-ci gardez la position quelques secondes afin de respirer doucement dans la torsion. Notez que le même type de torsion peut être facilement effectué en classe assis sur une chaise ;
- terminez l'exercice en position allongée : pour vous allonger, gardez le dos rond (aidez-vous de vos abdominaux) afin de bien dérouler les vertèbres ; cela vous évitera de re-cambrer le bas du dos. Profitez de la détente générée par l'étirement en respirant profondément et n'hésitez pas à vous étirer encore comme bon vous semble afin de dénouer les éventuelles tensions restantes.

3- en position allongée

- Prenez la posture allongée sur le dos (voir chapitre sur la posture) et étendez les bras en croix ; les bras sont allongés de part et d'autre perpendiculairement au reste du corps. La tête reste droite, les yeux ouverts ou fermés ;

- soulevez une jambe vers le ciel pour la croiser sur le côté opposé : par exemple, la jambe droite levée va venir s'allonger sur le côté gauche par-dessus la jambe gauche. Vous devez donc avoir la jambe droite allongée parallèle à votre bras gauche et perpendiculaire à l'autre jambe (voir croquis) ;
- tenez quelques instants la position : sentez l'étirement au niveau du rein ; fermez les yeux, imaginez que cette partie du corps respire à votre rythme et s'oxygène, ceci afin de réduire les tensions ;
- faites de même de l'autre côté. Gardez les bras grand ouverts, passez la jambe gauche par-dessus la droite et allongez-la tout droit dans le sens de la main droite. La jambe droite doit rester bien étirée. Respirez toujours quelques instants dans la position ;
- avec la pratique, quand vous aurez acquis plus de souplesse, vous pourrez accentuer la torsion de la colonne en tournant la tête du côté opposé à la jambe posée (voir croquis).

4- allongement du mollet

Voici un étirement de brain-gym auquel vous pourrez vous entraîner à la maison, avant de le faire à l'école. Il sera en effet plus facile au départ d'essayer de prendre appui sur un mur plutôt que sur le dossier d'une chaise ou que de rester sans appui.

- Mettez-vous face à un pan de mur de manière à pouvoir mettre vos mains à plat devant vous, les bras allongés à hauteur des épaules ;
- tendez une jambe en arrière, la gauche par exemple, et pliez l'autre jambe devant ;
- dans ce mouvement, vous devez vous retrouver : le buste légèrement penché en avant, la jambe droite pliée devant, la jambe gauche bien tendue en arrière, le pied gauche bien droit devant avec le talon collé au sol ou dirigé vers le sol si possible dans l'étirement ;
- penchez-vous devant, pliez le genou avant et tendez la jambe arrière ; pressez en même temps le talon du pied arrière sur le sol. Vous saurez que le mouvement est bien effectué, dès lors que vous sentirez l'étirement du mollet arrière, au moment où le talon est collé au sol. Remontez doucement en dépliant la jambe avant, reprenez, puis passez ensuite à l'autre jambe ;
- pensez à bien respirer, en expirant de préférence au moment de plier la jambe de devant. Avec la pratique, vous trouverez le bon équilibre néces-

sairc à un étirement efficace. Vous pourrez ainsi tenir l'étirement plus longtemps et prendre le temps de respirer à votre guise.

5- dos rond, dos creux

- Mettez-vous à quatre pattes sur le sol, à genoux en posant bien les mains et en gardant les bras droits;

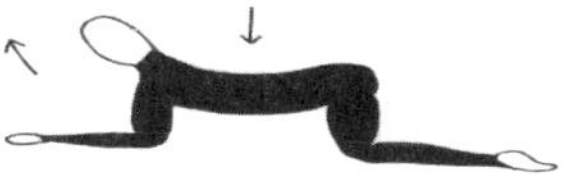

- en partant du bassin, creusez progressivement le dos tout en inspirant et en en levant la tête;

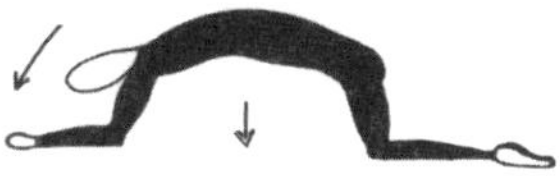

- arrondissez ensuite le dos, toujours en partant du bassin et expirez en comprimant légèrement l'abdomen, veillez à relâcher la tête;
- recommencez encore au moins deux fois;
- placez-vous maintenant debout, et reprenez les deux positions dos rond, dos creux, alternativement, en respectant le sens de la respiration;
- sentez votre colonnc se mobiliser et les muscles de votre dos s'assouplir. Vous pourrez aussi accomplir cet exercice simple en position assise.

Commentaire

Mal de dos, crampes et raideurs musculaires seront progressivement soulagés si
vous effectuez régulièrement ces mouvements d'étirement qui concernent toute la partie postérieure du corps. Veillez simplement à les faire en douceur, surtout si vous n'avez pas l'habitude de vous étirer, pour ne pas traumatiser vos muscles. Pensez aussi à bien vous oxygéner et vous hydrater pour aider l'assouplissement les muscles.

Quant au dernier exercice, l'allongement du mollet, il va favoriser l'étirement de tous les tendons et des muscles de la jambe, souvent rétrécis par la hauteur (parfois exagérée chez les femmes) des talons, mais aussi rétractés par toutes nos peurs et limitations psychologiques. Ce dernier niveau sera donc aussi stimulé, comme dans tous les mouvements de brain-gym; ici ce sont aussi nos capacités de concentration et de motivation qui s'en trouveront améliorées.

Enfin, si vous préférez vous étirer de manière plus dynamique, reportez-vous au début du chapitre suivant.

Pour s'assouplir, il faut s'étirer régulièrement. À l'image du chat qui l'a instinctivement compris, prenez l'habitude de vous étirer au réveil, dès le matin dans votre lit pour vous lever en douceur, vous commencerez ainsi la journée du bon pied.

3ème série d'exercices : Se dynamiser ou se relâcher

Mouvements dynamiques

Les mouvements décrits ci-après sont plus actifs que les précédents. Les mouvements croisés de brain-gym ont une fonction dynamisante ; les autres exercices ont leur origine dans les techniques de relaxation dynamique, empruntée à la sophrologie. Leur but est de mobiliser le corps afin de le relâcher nerveusement. Le dynamisme sera souvent amplifié par la respiration. Dans certains cas, il faudra garder les poumons pleins durant les mouvements puis souffler énergiquement en relâchant le corps.

1- étirement dynamisant

- La respiration joue ici un rôle important, car elle imprime son rythme à tout le mouvement : vous allez lever les bras en inspirant et baissez les bras en expirant ; entre les deux mouvements marquez un temps d'arrêt poumons pleins en gardant l'étirement ;
- reprenons : debout, jambes légèrement écartées (un peu plus que la largeur des hanches), inspirez profondément ;
- pendant l'inspiration, levez les bras en passant les mains devant le buste. Vos mains doivent effleurer le milieu du corps en montant et s'ouvrir vers le ciel. Gardez les bras en l'air - en formant un angle de 45°- les poumons pleins ;
- pour accentuer l'étirement montez sur la pointe des pieds ; et projetez le buste légèrement vers l'avant si vous perdez l'équilibre ; voir le mouvement en croix sur le croquis ;
- abaissez lentement les bras sur le côté en expirant ;
- reprenez l'étirement deux fois.

2- mouvements croisés

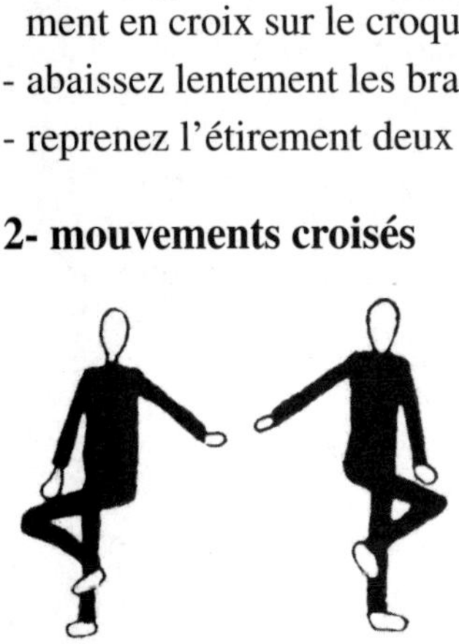

- Levez alternativement chaque jambe devant vous en pliant le genou. La main opposée vient alors chaque fois toucher le genou levé. Continuez quelques secondes ou quelques minutes en marchant sur place.
- respirez profondément et sentez bien le contact de la main sur le genou. Vous optimi-

serez ainsi la technique, qui consiste à activer simultanément les deux hémisphères du cerveau pour vous rendre plus performant intellectuellement.

3- lâcher prise

- Fermez le poing ; levez lentement un bras tendu vers l'avant pour le mettre à la verticale, puis relâchez lourdement le bras le long du corps, paume de main ouverte ;
- faites de même avec l'autre bras, puis avec les deux bras en même temps ; lâchez aussi les épaules d'un coup sec dans le mouvement en sentant la lourdeur des bras ;
- ajoutez-y maintenant la respiration. Inspirez par le nez pendant toute durée de la levée des bras à la verticale. Une fois le bras arrivé en haut, stabilisez-le et restez poumons pleins quelques secondes ; puis soufflez par la bouche en lâchant brusquement le bras ;
- prenez le temps de sentir le relâchement du bras et de la main jusqu'au bout des doigts en reprenant une respiration normale, puis changez de côté, avant de faire de même avec les deux bras ;
- en jetant les deux bras en avant, vous pourrez accentuer le mouvement de lâcher prise tout en vous penchant un peu vers l'avant et en baissant la tête ; c'est le poids de la tête et des bras qui doit conduire le mouvement.
- si vous désirez souffler plus fort, ou lâcher un stress et des émotions profondes, accompagnez votre mouvement de lâcher de bras d'un râle ou d'un cri en prononçant le son « a » en expirant.

Pour aller plus loin par rapport au lâcher prise, vous pouvez imaginer (visualiser) la difficulté que vous désirez lâcher ou oublier (problème, sentiment de colère ou autre) en même temps que le mouvement de relâchement du corps ; imaginez en fermant les yeux la manière dont tout votre être se débarrasse de cette tension en la laissant partir visuellement (disparaître dans le sol par exemple).

4- rotations

De la tête

- Haussez d'abord les épaules et gardez les hautes (afin de protéger vos vertèbres cervicales), puis effectuez un mouvement de rotation de la tête, plusieurs fois. Allez-y doucement pour commencer, d'un côté puis de l'autre. Arrêtez en baissant les épaules ;
- modulez maintenant la respiration comme suit : inspirez par le nez en haussant les épaules, bloquez la respiration

et profitez-en pour effectuer deux ou trois rotations dans le même sens, poumons pleins. Relâchez les épaules en soufflant (expirez par la bouche de préférence) ;

- reprenez une respiration normale avant de faire deux ou trois rotations en sens inverse, toujours épaules hautes et poumons pleins. Pensez surtout à bien relâcher les épaules à la fin de l'exercice.

Des bras

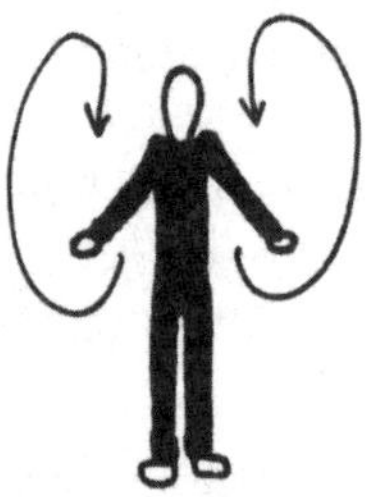

- Inspirez profondément, gardez les poumons pleins pour effectuer une rotation entière du bras, d'avant en arrière deux ou trois fois. Votre bras doit être tendu (ou fléchi au niveau du coude) et effectuer une rotation complète, c'est-à-dire que vous devez avoir l'impression de tracer un grand rond avec le bras ;
- relâchez le bras en soufflant, puis faites la même chose en traçant un rond d'arrière en avant avec le même bras ;
- reprenez votre respiration normale en ressentant le relâchement du bras et de tout le côté du corps concerné. Sentez comment respire maintenant le côté qui a travaillé. Passez alors à l'autre bras ;

A la fin de l'exercice, allongez-vous si besoin est.

Commentaire

Quand vous êtes fatigué intellectuellement, les mouvements croisés peuvent vous éveiller ; de même que l'étirement dynamisant réveille tout le corps. Cependant, si c'est de fatigue nerveuse qu'il s'agit, le relâchement des bras peut vous aider à lâcher prise, au sens propre comme au figuré ; vous avez peut-être un problème qui vous tiraille et vous voulez lâcher du lest émotionnellement, effectuez les deux derniers exercices de manière symbolique, puis reposez-vous ou aérez-vous.

4ème série d'exercices : Se masser

1- Do-in : auto-massage revitalisant du matin

- Frottez-vous doucement les mains pour profiter de leur chaleur durant le massage ;
- assis ou debout, commencez par tapoter votre crâne du bout des doigts et respirez profondément pendant toute la durée de l'exercice ;

- effleurez votre visage en le tapotant, et massez-le doucement, baillez si vous êtes au réveil ;
- frottez ou massez-vous les oreilles avec un mouvement circulaire des doigts ; pensez à vous masser le cou (avant et arrière) avant d'atteindre les épaules dont vous allez pétrir les muscles (trapèzes) à pleine main (la main gauche masse l'épaule droite pour plus de facilité et inversement) ;
- fermez le poing ou ouvrez la main pour tapoter maintenant les bras vigoureusement sur toute leur longueur, de l'épaule jusqu'aux doigts, faces interne et externe ;
- tapotez maintenant tout l'avant de votre buste - en évitant la poitrine pour les dames et en y allant doucement sur les côtes -, ainsi que votre ventre (en ouvrant la main) ;
- passez les mains derrière le dos afin de tapoter ce dernier du mieux que vous pourrez (poings fermés ou petits tapotements fouettés avec les doigts), le long de la colonne vertébrale ;
- n'oubliez pas les fesses, et continuez à tapoter en descendant la face extérieure des membres inférieurs jusqu'aux pieds. Baissez-vous en pliant les genoux de préférence ;
- remontez par la face interne des jambes et terminez les tapotements comme vous le voulez afin de couvrir toute la surface des membres inférieurs,
- pour finir, si vous êtes assis, massez-vous les pieds en leur tapant doucement la plante.

2- auto-massage calmant du soir

- Contrairement au do-in, le massage suivant a pour but de vous relaxer, tous vos gestes doivent donc être très doux. Commencez aussi par la tête, mais cette fois-ci massez-la du bout des doigts avec des mouvement circulaires comme pour faire un shampoing doux ;
- effleurez votre visage et massez le front, les joues, le menton en étirant les traits de l'intérieur du visage vers l'extérieur ;
- continuez avec les oreilles en insistant avec les doigts des deux côtés des pavillons ;
- massez le cou de haut en bas, puis pressez l'arrière du cou d'une main, puis de l'autre ;
- passez aux épaules, malaxez les muscles trapèzes (qui sont souvent tendus en fin de journée). Pensez cette fois à masser l'articulation de l'épaule, de manière circulaire ;

- pour les membres supérieurs, massez les muscles longs sur toute la longueur du bras et de l'avant-bras donc de haut en bas ; n'oubliez pas le coude et les mains ;
- effectuez des mouvements circulaires de la paume des mains sur tout le torse et le ventre ; puis mettez les deux mains derrière le dos, de manière à les passer le long de la colonne vertébrale ;
- pensez au bas du dos, et aux fessiers, en faisant un massage circulaire ;
- pour les membres inférieurs, comme les membres supérieurs, pensez simplement à masser les muscles longs en long et les articulations en rond ; vos genoux vous en seront reconnaissants ;
- terminez par le massage du pied (les deux faces) en vous installant confortablement.

3- massage à deux

Si vous avez la chance d'avoir un partenaire (parent, enfant, conjoint ou ami) faites-vous masser le dos.

Dans ce cas, asseyez vous de préférence à califourchon sur une chaise, c'est-à-dire l'avant du buste posé sur le dossier, afin de garder tout le dos libre d'accès ;

- la personne en question commencera par lisser les épaules, puis pétrir doucement les trapèzes si besoin est ; avant de glisser les mains, de haut en bas et inversement, sur le dos en gardant celles-ci de part et d'autre de la colonne vertébrale ;
- faites confiance à votre masseur et à sa créativité, il trouvera certainement d'autres manières de vous masser le dos ; dirigez-le, le cas échéant, selon vos besoins.

Commentaire

Le do-in du matin a surtout pour but de réveiller les corps et les esprits encore endormis au réveil. Il a une très grande fonction tonique, puisqu'il s'agit à la base de stimuler les points d'énergie dans le corps.

Evitez d'effectuer ce type d'auto-massage aux moments où vous serez déjà hyperactif. Par contre cela vous réveillera quand vous aurez des « coups de pompe » au cours de la journée.

Notons que pour votre mise en forme du matin, ou à n'importe quel moment de la journée, vous pourrez associer cet exercice à celui des mouvements croisés de brain-gym (voir chapitre mouvements dynamisants).

Par contre après une journée bien remplie, un auto-massage plus doux aura pour effet de vous relaxer. Si vous en avez l'opportunité, faites-vous

masser les épaules, le dos ou les pieds, par quelqu'un d'autre pour mieux décompresser et ne pas forcer au niveau des bras. Vous pouvez pratiquer le massage à deux en vous massant à tour de rôle pour faire un échange ; vous profiterez ainsi plus pleinement des bienfaits du massage et de sa fonction de communication par le toucher.
Explorez différentes façons de masser : les tapotements, les effleurements ou le pétrissage, utilisez des crèmes ou des huiles à votre gré pour rendre l'exercice plus agréable.

Ici l'adjectif *passif(ve)* n'a pas la connotation négative qu'on lui attribue souvent. La passivité nous permet de lâcher prise et est une des clés de la relaxation. Ce qui ne veut pas dire que l'on ne fait rien, car en état *alpha* le cerveau reste en éveil ; nous restons toujours actifs en relaxation car nous cultivons l'art de rester **ouvert à nos sensations**.

Pour mieux vivre ces relaxations profondes, nous vous conseillons soit de les enregistrer, soit de vous les faire lire au début ; avec la pratique, vous connaîtrez les procédures « par cœur ». Ou mieux encore, vous les aménagerez selon vos besoins ; en acceptant d'être passif, vous vous donnerez l'occasion d'être à l'écoute de votre corps et de ses besoins particuliers. La relaxation deviendra peu à peu un véritable **outil de redécouverte de soi**.

Relaxation profonde

1. posture couchée

« - Je m'étale sur le sol ou sur le lit, de préférence sur le dos et la paume des mains vers le ciel, en respirant profondément (voir respiration abdominale), et je ferme les yeux (de préférence) ;

- je m'installe confortablement, et pour cela je tourne légèrement la tête de chaque côté, je mobilise toutes mes articulations ;
- j'essaie de plaquer le bassin et toute ma colonne vertébrale au sol ;
- j'entrouvre les lèvres pour mieux expirer et je me laisse bercer par le rythme et le son de ma respiration qui se fait de plus en plus profonde, de plus en plus lente ; je peux aussi me laisser transporter par le son d'une musique douce (que j'aurai mise au préalable),
- je vais maintenant sentir toutes les parties de mon corps en contact avec le support de mon lit ou de mon tapis : d'abord la tête que je sens reposer lourdement tandis que les muscles de mon visage se dérident et que mes yeux fermés se détendent.
- je sens mon dos, et surtout mes omoplates plaquées sur mon support ; je relâche tous les muscles du dos ; je me sens en sécurité, je respire et je m'abandonne ;
- je laisse se gonfler le torse, mais aussi le ventre sous l'effet de la respiration ; je sens le bas du dos, de même que les fessiers se relâcher, de même pour les muscles des cuisses et des jambes (au-dessus et au-dessous) ;

- je termine en sentant le contact des talons au sol, et les pointes de pieds qui se relâchent vers l'extérieur ;

- je sens maintenant tout mon corps se relâcher profondément et reposer lourdement sur son support, en toute sécurité ;

- je me mets à l'écoute de toutes les petites tensions qui peuvent encore résister et je les déloge, tout simplement par la pensée et la respiration ; je les autorise à s'en aller, à s'évanouir pour faire place au bien-être dans mon corps ;

- ce bien-être physique et mental, je me l'accorde ici et maintenant, car je le mérite. Je prends le temps de laisser tout mon corps respirer et faire une pause. Je recueille mes sensations tout simplement ;

- je m'apprête bientôt à me réveiller doucement : j'entrouvre les yeux et je les referme, je tourne le cou de chaque côté et je mobilise aussi les autres articulations doucement. Je bouge les doigts des mains, des pieds et je m'étire comme je le désire en ouvrant grand les yeux. »

2. posture assise

« - Je m'installe dans un fauteuil ou une chaise confortable, dos droit, menton rentré, lèvres entrouvertes et mâchoires relâchées, yeux fermés ;

- je sens toutes les parties de mon corps en contact avec la chaise et j'en profite pour relâcher toutes celles que je sens tendues en m'aidant de la respiration ;

- je baisse les épaules, je sens mon dos bien collé au dossier de ma chaise ou de mon fauteuil tandis que je respire profondément et que le haut du corps se gonfle. Mes bras se détendent, en particulier mes avant-bras et mes mains qui reposent nonchalamment sur mes cuisses (je peux ressentir la chaleur de ce contact ou le toucher de mes mains avec le tissu) ;

- mes cuisses s'étalent lourdement sur le siège, mes jambes se détendent et mes pieds sont bien à plat sur le sol. Je presse légèrement le sol pour sentir le contact de la plante des pieds, du talon jusqu'aux orteils, puis je relâche la pression ; si je veux allonger maintenant les jambes, je prends soin de bien relâcher les pieds ;

- j'apprécie alors les quelques instants de détente que je m'accorde aujourd'hui, là sur ce siège. Je me raccorde au rythme de ma respiration ou je me laisse transporter par la musique que j'ai mise, ou encore je m'ouvre à mes sensations, d'où qu'elles viennent, sans les juger, donc sans réfléchir ;

- pour amorcer le réveil, je bouge doucement mes articulations (chevilles, genoux, poignets, épaules, cou), ainsi que mes doigts et mes orteils, à mon rythme. Je m'étire gentiment à ma guise, et j'ouvre très progressivement les yeux, en accueillant la lumière du jour. »

Visualisation

1. « Mon lieu idéal de relaxation »

« - Je m'allonge ou je m'assieds confortablement, et je commence à me relaxer profondément (*suivre la procédure de relaxation précédente*) ;

- je ferme les yeux, je respire tranquillement et quand je me sens bien détendu(e), je laisse vagabonder mon imagination ;
- je choisis aujourd'hui de lui donner la direction de mon lieu idéal de relaxation : je vais imaginer un lieu, connu ou inconnu dans lequel je me sens très bien ;
- je laisse émerger des images ; j'accueille toutes celles qui me viennent : dans ce lieu règne une grande paix et je me projette dans cet endroit que j'ai choisi ;
- je m'y vois comme sur un écran, mais en plus j'habite mon personnage car je peux sentir les choses qui m'entourent : je respire et je sens peut-être des odeurs agréables... je cerne mon environnement et je suis sensible aux couleurs de la nature ou des objets présents... je touche même ces derniers, au contact agréable... j'entends des bruits ou des mélodies... ;
- j'ai tout loisir de choisir les éléments de mon environnement ainsi que la manière d'en profiter ; je me laisse vivre et respirer en toute sérénité dans cet endroit parfait pour ma détente ;
- je laisse le bien-être couler en moi à travers la respiration, s'imprimer dans mon corps et dans ma tête à travers les images ;
- je garde en moi les plus belles sensations vécues en ce lieu, afin de m'éveiller en toute sérénité ;
- je décide maintenant de quitter cet endroit imaginaire, sachant qu'il s'agit d'un lieu qui m'appartient et que je peux à tout moment y retourner. Il me suffira pour cela de refermer simplement les yeux ;
- je vais donc ressentir maintenant tous les points de contact de mon corps avec mon support de relaxation (fauteuil, lit, tapis) ; sentir mes doigts, mes orteils, mes membres bouger doucement et bailler et m'étirer à ma guise ;
- j'ouvre progressivement les yeux, en prenant conscience de mon environnement et de mon corps détendu : moi, ici et maintenant... »

2. « Voyage au cœur de mes cellules »

(1ère partie)

« - Je m'assieds (ou je m'allonge) et je décide de prendre un temps pour moi. Il y a un temps pour tout, un temps pour travailler, un temps pour enseigner, un temps pour se détendre ;

- aujourd'hui je prends le temps de me « poser » (sur mon support) ; je sens les points d'appuis de mon corps sur ma chaise, mon fauteuil ou sur mon lit : mon dos, mes fesses, mes cuisses et mes pieds sur le sol ou sur le lit ;
- je me laisse aller en toute sécurité sur ces appuis et je vais progressivement sentir toutes les parties de mon corps se relâcher, de la tête aux pieds ; je sens la détente envahir chaque recoin de mon corps… ;
- je prends aussi le temps de respirer, je prends le temps de m'écouter. Je me mets à l'écoute de ma respiration, simplement, sans la changer ; j'observe cette respiration qui me maintient en vie, ainsi que son rythme…. J'inspire et j'expire doucement et je sens l'air comme la vie couler en moi ;
- à chaque inspiration, je sens l'air pénétrer mon corps tout entier, de mieux en mieux, de plus en plus…. Toutes les cellules de mon corps accueillent cet air salutaire et respirent ;
- les plus infimes cellules qui composent mon corps sont oxygénées maintenant ; toutes celles de ma tête et de mon visage, celles de mon cou, mes épaules, mes bras et mes mains jusqu'au bout des doigts ; je laisse ensuite s'aérer toutes les cellules à l'intérieur de ma poitrine et de mon ventre ; ces derniers se gonflent à chaque inspiration et se dégonflent à chaque expiration doucement. De même, je sens mon dos s'ouvrir à chaque respiration ;
- je vais maintenant aller à la rencontre de toutes les autres parties de mon corps et de toutes ces cellules qui forment mes fesses, mes cuisses, mes jambes…. ainsi que mes pieds qui veulent respirer jusqu'au bout des orteils.
- je sens toutes ces cellules qui forment mon corps tout entier ; je les sens s'ouvrir peu à peu, s'aérer et se libérer. Bientôt elles vont vibrer à l'unisson, orchestrées par le rythme de mon souffle…., je continue à laisser l'air pénétrer consciemment les parties les plus minuscules et les plus tendues de ce corps qui m'est si cher ! »
- je peux maintenant choisir de me réveiller doucement en m'étirant ou de continuer mon voyage intérieur.

(Facultatif : 2ème partie)

- Je voyage maintenant mentalement dans mon corps et j'imagine les milliards de cellules qui me composent, je les vois s'oxygéner d'air et de lumière.... Je les vois vivre, respirer et se régénérer... Il y en a de toutes sortes aux quatre coins de mon corps : je repère celles qui sont encore stressées, oppressées et à l'expiration je les aide à se vider de leur stress, à l'inspiration je les aide à se remplir de bien-être. Il y en a d'autres ailleurs qui sont fatiguées, je les aide mentalement à expirer la fatigue et à inspirer de l'énergie. J'en localise encore d'autres à des endroits différents qui ont peut-être peur.... de vieillir ou de mourir, peur de l'ennui ou de la maladie, je leur insuffle de l'espoir, de la paix, de la vie, de la joie, de la confiance et de l'amour, selon mon choix....

- Je termine mon voyage au cœur de mes cellules en leur donnant encore ce dont elles ont besoin en ce moment, je suis à leur écoute, sans jugement, durant les quelques secondes qui suivent....
- Puis, j'amorce mon réveil en laissant s'évanouir l'image intérieure de mon corps, pour ensuite renouer avec l'extérieur en toute sérénité ; je reprends contact avec mon corps en le bougeant ; je baille et j'ouvre progressivement les yeux en observant mon corps qui bouge et qui s'étire doucement, ici et maintenant.

Commentaire

Ces séances de détente en position assise ou allongée vous permettront d'expérimenter l'état de relaxation, *état alpha*, de manière plus profonde. Si vous voulez éviter de sombrer dans le sommeil, asseyez-vous, mais si vous avez du temps, allongez-vous plutôt. Les tensions physiologiques mais aussi psychologiques se dénoueront mieux.

Une opportunité donc d'approfondir la technique afin de relâcher plus efficacement le stress, et surtout de retrouver les plaisirs simples de détente perdus ou refoulés. Grâce à la visualisation, vous aurez en effet la possibilité de jouer avec votre imaginaire.

Les deux dernières visualisations ne sont qu'un exemple de ce que vous pouvez vous permettre en état de relaxation ; avec la pratique, vous vous autoriserez à créer tout seul vos propres espaces générateurs de bien-être. Mais au départ, prenez d'abord l'habitude de pratiquer la relaxation profonde seule, afin de bien la maîtriser et de pouvoir la faire sans aide extérieure.

Pratiquée au moment du coucher, cette relaxation se révèle très utile aux insomniaques car elle facilite l'endormissement.

L'écoute d'un support musical (musique classique, musique douce) ou d'une cassette de relaxation (enregistrée ou non par vos soins) est un atout pour améliorer la qualité de votre détente.

Pour toutes ces détentes profondes, l'emploi du pronom *je* est préférable, parce qu'il implique une participation encore plus personnelle, (même en cas d'aide extérieure).

Respiration

Les techniques respiratoires que vous allez essayer ici sont beaucoup plus douces que celles alliées aux exercices dynamiques vus en détente active. Il s'agit plutôt ici de ressentir plus finement l'action du souffle dans le corps. L'air que nous respirons devient alors l'allié de notre détente, et nous pouvons savourer son effet apaisant dans le corps.

Afin de respirer plus amplement, n'oubliez pas de revêtir une tenue souple, ou de desserrer votre ceinture ; prenez la peine de faire ce geste pour vous mettre plus à l'aise avant chaque séance de respiration, mais aussi pour tout type de relaxation.

Exercice n°1 : « Comment je respire ? »

- Je m'installe confortablement en me posant sur un siège avec un grand soupir et j'observe mon souffle, sans rien changer à ma respiration....
- J'observe comment je respire : *mon souffle est-il court ? est-il long ?, ma poitrine bouge-t-elle ? où exactement ? quelle partie du corps se soulève ?,*
- Pour mieux répondre à ces questions, je ferme les yeux, je pose une main sur ma poitrine et l'autre sur mon ventre : *quelle partie se gonfle, quelle main se soulève le plus ? ; ou peut-être mon corps bouge-t-il à un autre endroit ?*, je vais le repérer en posant la main dessus,
- Je sens certainement s'ouvrir mes côtes (hautes ou basses) ou je les sens peut-être se plaquer derrière sur le dossier de la chaise chaque fois que l'air pénètre dans mon thorax,
- Sans rien modifier à mon souffle, je me mets à l'écoute de ce dernier, du bruit du souffle qui résonne à travers mes narines, mes lèvres peut-être à l'expiration, qui passe à travers ma gorge, pénètre ma poitrine....
- J'observe le rythme de mon souffle, et je l'accepte tel qu'il est ; peut-être s'est-il allongé depuis le début de la séance... je le laisse faire, je me laisse bercer par ce rythme....
- Pour terminer, je vais juste bailler, m'étirer. J'ouvre les yeux restant conscient(e) de ma respiration.

Exercice n°2 : Respiration à quatre temps

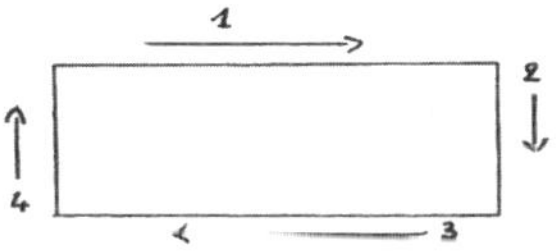

Une respiration complète exige de légers efforts et se fait en général en quatre parties :

1 - inspiration,

2 - pause poumons pleins (ou allongement de l'inspiration)

3 - expiration,

4 - pause poumons vides (ou allongement de l'expiration)

Au départ, les temps d'inspiration et d'expiration sont sensés être de durée égale, mais l'allongement de l'expiration va favoriser la détente (tandis que la focalisation sur l'inspiration va plutôt favoriser l'éveil). On conseille d'inspirer et d'expirer par le nez pour cette respiration. Mais vous pouvez aussi choisir d'expirer par la bouche pour travailler l'allongement de l'expiration (laissez alors s'échapper des lèvres un mince filet d'air).

Par exemple :

- Inspirez lentement et profondément sur quatre temps, (comptez mentalement 1-2-3-4) en laissant se remplir les poumons, allez jusqu'au bout de votre inspiration en comptant lentement, gonflez bien le thorax,
- Retenez maintenant votre respiration sur deux temps (comptez 1-2)
- Expirez alors sans vous précipiter sur quatre temps (1-2-3-4), allez jusqu'au bout de votre souffle, en contractant légèrement les muscles du ventre,
- Restez poumons vides sur deux temps (1-2)
- Reprenez une respiration normale avant de reprendre la procédure ci-dessus.

Il se peut que vous ayez du mal à rester en rétention d'air ou en apnée au début. Dans ce cas, contentez-vous d'allonger l'inspiration si vous le pouvez sur deux autres temps de même que pour l'expiration et supprimez les temps morts.

Si vous avez la tête qui tourne, faites l'exercice en position assise, pour éviter l'hyperventilation. Si vous souffrez d'asthme faites ces exercices en douceur.

Exercice n°3 : Respiration abdominale

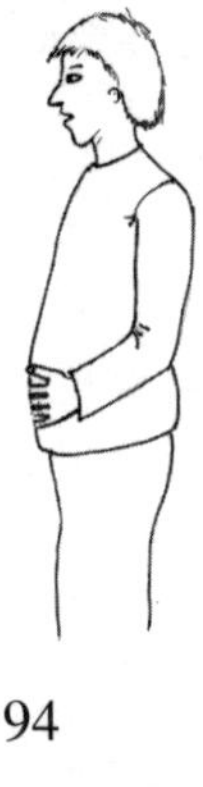

- Assis, le dos droit sur la chaise, je baille, et je relâche le corps avec un grand soupir en fermant les yeux. Je peux aussi choisir de rester debout et de garder les yeux ouverts,
- Je respire tranquillement et mon corps se détend... Je garde les épaules basses en posant les deux mains sur le ventre, autour du nombril,
- Je respire doucement, normalement, sans me forcer... j'observe alors le mouvement de mon ventre en contact avec mes mains

- quand j'inspire, je prends de l'air et je sens alors mon ventre se gonfler doucement comme un ballon de baudruche
- quand j'expire, mon ventre se dégonfle aussi comme un ballon mais plus lentement…

- Je continue à observer, sans forcer, le mouvement de va-et-vient, de haut en bas de mon abdomen, et je sens mes mains suivre ce mouvement :

  à l'inspiration, le ventre se soulève sous les mains,

  à l'expiration il s'affaisse sous les mains,

- Afin de mieux détendre les bras, je les laisse maintenant reposer sur les cuisses, et je continue à observer mon ventre ; j'allonge légèrement mon inspiration et je sens mon ventre se soulever, puis mon expiration et je sens mon ventre se dégonfler,
- Je peux bailler ou souffler plus largement par la bouche. En même temps je suis le trajet de l'air dans mon corps, cet air qui rentre par les narines, traverse ma gorge, gonfle mes poumons, soulève mon abdomen et repart en sens inverse. Je reste dans cette auto-observation quelques secondes,
- Pour aller plus loin, je vais inspirer encore plus profondément, puis laisser l'air se vider entièrement en contractant légèrement le ventre ; quand je sens venir l'appel d'air, je m'ouvre à ce dernier en savourant son entrée dans mon corps, et laissant mon corps se remplir de nouveau entièrement,
- Je vais bientôt rouvrir les yeux, mais avant, je me redresse en ouvrant bien la poitrine ; je prends une bonne inspiration, je gonfle le torse, je relâche en soufflant,
- Je baille tout en laissant mon corps s'étirer à sa guise et reprendre une respiration normale… ; je termine en ouvrant doucement les yeux.

En cas de difficulté à percevoir cette respiration abdominale, une procédure simple pour s'entraîner à la maison : s'allonger sur le dos (les jambes peuvent être pliées devant en cas de cambrure du bas du dos), prendre un gros livre (type dictionnaire), le placer sur l'abdomen et observer le mouvement ascendant et descendant du livre (donc du ventre) à l'inspiration et à l'expiration. Il se peut que vous deviez légèrement forcer la respiration au début.

Si vous avez tendance à l'insomnie, essayez la respiration abdominale dans votre lit au moment du coucher pour mieux vous endormir.

Commentaire

La respiration la plus reposante est celle dite « abdominale », car elle est aussi une des plus complètes. Quand nous sommes émotionnellement ou nerveusement perturbés, nous avons tendance à avoir une respiration haute, c'est-à-dire plutôt sous-claviculaire. Notre inspiration

étant très courte, nous remplissons peu nos poumons et évacuons donc peu de déchets de dioxyde de carbone. De ce fait nous aérons peu notre cerveau et nos muscles se crispent d'autant plus.
Quand nous sommes moins stressés et plus attentifs à notre souffle, nous remplissons mieux nos poumons, (un peu comme nous le propose la respiration à quatre temps, mais sans les temps de rétention). Nous pouvons passer de la respiration costale à la respiration abdominale, en élargissant notre souffle, en prenant la peine de bien gonfler nos poumons de temps en temps. Quand les poumons sont bien remplis, le muscle du diaphragme situé au-dessous s'abaisse en poussant les viscères et les abdominaux, et donne ainsi l'impression que le ventre se gonfle. C'est le signe que la respiration est complète donc plus efficace.
Prenez l'habitude d'observer comment vous respirez dans la vie courante; nul besoin d'être assis pour poser une main sur la poitrine et/ou l'autre sur le ventre.
Cela vous aidera à allonger votre souffle et à répondre ainsi à vos besoins en oxygène en cas de stress.
Pensez aussi à vous servir de la respiration abdominale comme anti-stress : pour **lutter contre les crises d'angoisse ou d'anxiété** ou pour décompresser quand vous sentez monter la tension et l'adrénaline. Appliquez-vous donc à respirer calmement quand vous sentez le stress prêt à vous envahir. Vous vous maîtriserez plus facilement et en retirerez **calme, confiance et estime de soi**.

En apprenant à mieux maîtriser votre souffle, vous arriverez à économiser votre voix. Certains d'entre nous sommes sujets à des extinctions de voix à répétition, ou autres maux de gorge inconfortables. La perte de voix est un signe récurrent de stress chez les enseignants, les causes en sont multiples et même parfois psychologiques. Cependant, la pratique des exercices suivants vous aidera à être plus performants, c'est-à-dire à **libérer et dynamiser votre voix**. Autrement dit, entraînez-vous à :

- mieux placer votre voix grâce à la posture,
- réguler le débit de votre souffle,
- détendre les muscles de la bouche et les échauffer (y compris les cordes vocales,
- articuler et projeter votre voix,

La posture

Choisissez votre posture et installez votre corps convenablement comme indiqué précédemment (voir chapitre sur la posture).

Pour bien parler comme pour chanter :

- le dos doit être droit, pour faire de la place à la colonne d'air, des narines jusqu'au ventre,
- le menton légèrement rentré, la tête dans le prolongement du corps (surtout pas relevée) pour ne pas coincer les cordes vocales,
- les épaules doivent être basses, le reste du corps détendu, et
- les pieds bien à plat, pour sentir leur enracinement dans le sol.

Notre corps constitue ici notre propre instrument et nous sert aussi de caisse de résonance (voûte crânienne, thoracique et résonance osseuse), d'où l'importance d'une bonne position, surtout pour le haut du corps.

Régulez le débit de votre souffle

Pour économiser votre voix et allonger votre souffle, entraînez-vous à la respiration abdominale. N'oubliez pas que cette respiration est garante d'une large rentrée d'air dans les poumons. En ressortant, cet air va faire vibrer vos cordes vocales selon les modulations et la force que vous l'autoriserez à prendre.

L'exercice suivant peut se faire à l'aide d'une bougie, réelle ou virtuelle, ou à l'aide d'un plume légère :

Allumez une bougie ou fermez les yeux et imaginez-en une : vous allez dans un premier temps inspirer profondément, jusqu'à ce que votre ventre se gonfle. Puis dans un deuxième temps vous allez expirer lentement afin de laisser échapper un mince filet d'air de vos lèvres entrouvertes.

Soufflez ainsi doucement sur la flamme de votre bougie afin de la faire vaciller sans l'éteindre (ou imaginez cela) ; continuez à souffler le plus longtemps possible, jusqu'à contracter le ventre pour chasser tout l'air des poumons.

Quand vous n'en avez plus, laissez de nouveau l'air s'infiltrer naturellement et gonfler le ventre, puis recommencez.

Afin de tester la tenue de votre souffle, expirez maintenant en prononçant le son « a ». Inspirez d'abord profondément, puis faites votre son en essayant de le garder à la même hauteur sonore pendant toute la durée d'émission. Dès que vous sentez faiblir le débit de votre souffle, forcez ce dernier quitte à contracter les muscles du ventre. Reprenez avec une autre voyelle, « o » par exemple.

Modulez votre souffle comme si vous jouiez d'un instrument à vent ; essayez de garder une intensité de son égale durant toute l'expiration.

Détente et échauffement

Commencez par cultiver l'art de faire des grimaces ! (il est fort probable que vous ayez oublié le bien que vous faisaient les grimaces de votre enfance).

Il s'agissait alors d'un défoulement, et les fous-rires occasionnés généraient autant de bien-être que l'étirement des muscles du visage. Hé oui, on n'y pense pas toujours, mais le rire a des vertus aussi bien physiques que morales, et faire des grimaces aboutit souvent au même résultat : nos hormones de bien-être appelées endorphines sont ainsi stimulées, notre corps et notre esprit se détendent simultanément.

Regardez dans un miroir et vous verrez la variété de mouvements que vous pouvez faire avec les muscles de votre visage, avec votre bouche notamment :

- ouvrez-la grande, puis tendez vos lèvres le plus possible, tournez-les dans tous les sens et étirez-les ; soufflez comme le font les chevaux (en faisant un « brrrr.... ») afin de détendre vos lèvres et les muscles de vos joues.

- Gonflez les joues et tapotez-les pour les dégonfler ; amusez-vous à trouver des astuces pour détendre toutes les parties autour et à l'intérieur de la bouche.
- Mobilisez les mâchoires en les bougeant latéralement, massez-en les articulations et baillez pour évacuer les nombreuses tensions souvent enfouies et refoulées dans nos instruments de la parole.
- Tirez la langue, comme vous n'avez jamais osé le faire, pas juste du bout de la langue mais ouvrez bien la bouche et tirez-la vers le bas (vous pouvez y rajouter le son « a ») puis, tirez-la vers le haut, à droite, à gauche ; bougez votre langue en ouvrant bien la bouche comme pour éviter de toucher l'intérieur des joues ; songez que la langue s'actionne grâce à des muscles très puissants.

Dans tous les cas, laissez s'exprimer votre créativité ludique, le but est de décontracter les muscles du masque facial, de la cavité buccale (y compris la langue) et des mâchoires.

Articuler et projeter sa voix

Une autre façon d'épargner ses cordes vocales d'une irritation certaine est d'articuler bien sûr, mais aussi de savoir projeter les sons vers son public. À force de crier, il arrive que l'on devienne aphone ; cependant, en gérant à la fois le débit de son souffle et l'intensité de sa voix, le professeur pourra parler pendant des heures sans trop de fatigue.

Voici d'abord des exercices d'articulation de voyelles puis de mots choisis pour leur diversité phonétique ; pour plus d'efficacité dans l'émission vocale, n'hésitez pas à bouger exagérément vos lèvres et les muscles de la face.

- Commencez par prononcer les voyelles de l'alphabet : *« a », « e », « è », « i », « o », « ou », « u »*...., prononcez-les individuellement (un son par expiration), en prenant soin de bien ouvrir la bouche ou tendre les lèvres. Appliquez-vous à entendre la résonance de ces sons dans la cavité buccale et dans votre corps. Il se pourrait que vous sentiez ces sons résonner dans différentes parties de votre corps.
- Continuez avec les mots suivants en détachant chaque syllabe :

« Miam » : *m-i-a-m* (comme si vous mâchiez le son et ouvrant bien la mâchoire inférieure), à répéter plusieurs fois,

« *Alleluia* » : *a-llé-lu-i-aaaa ;* faites résonner les "*l*" en particulier en creusant bien la langue dans la cavité buccale

« Kan-kan », (avec un sourire forcé jusque dans l'arrière-gorge) *« pa-pa »,* (répétez cette série de syllabes à la manière d'un petit enfant qui s'applique à sentir l'effet de la pression mutuelle des deux lèvres)

« Omm... » : o-om-m (en arrondissant bien les lèvres et en faisant durer le « *m* »

- Amusez-vous à trouver des phrases telles qu'« *un chasseur sachant chasser sans son chien* ou *les chaussette de l'archiduchesse sont-elles sèches* », etc. Articulez à outrance et prononcez-les de plus en plus vite.

Voici maintenant des consonnes à prononcer pour l'entraînement à la projection. Mettez-vous à un bout de la pièce où vous êtes et imaginez que vous vouliez que vos mots traversent la pièce pour atteindre le mur d'en face à l'autre bout de la pièce ; comme si vous envoyiez une balle en face de vous.

Il va alors falloir se servir de ses lèvres et de sa langue comme d'un tremplin et de la cavité buccale comme première caisse de résonance, songez aussi que l'élan peut être donné de plus bas encore (à partir du ventre pour le souffle) ;

Par exemple, il existe des consonnes dites « plosives » : en effet laissez-les littéralement '*ex*'ploser de votre bouche en leur donnant de l'élan ; ceci peut être expérimenté avec :

- le *« te »* et le *« de »*, (ces consonnes sont dites « dentales » car la langue touche les dents de devant), ou
- le *« pe »* et le *« be »* (dites « labiales », pression puis relâchement subit des lèvres).

Faites l'expérience de projeter ces syllabes loin devant vous en vous aidant en même temps de votre souffle et de vos mains comme porte-voix : inspirez, puis, au moment où vous sortez le son, contractez le ventre d'un coup sec ; c'est l'air subitement projeté qui donnera de l'élan à votre son. Entraînez-vous comme pour atteindre une cible avec d'autres consonnes de votre choix.

Avec la compréhension ainsi que la prise de conscience du mécanisme du souffle allié au rôle de la bouche pour les divers sons, vous y arriverez plus facilement. Vous finirez par constater la différence, en classe notamment, où vous vous ferez mieux entendre.

Pour finir, amusez-vous à lire à haute vois pour entraîner votre capacité d'articulation et de régulation du débit du souffle. Prenez le temps d'inspirer à chaque virgule ou entre chaque unité de sens de la phrase, pour ne pas fatiguer vos cordes vocales et ne pas vous essouffler. Une autre manière d'être attentif à soi-même pour ne pas s'épuiser en classe

Feuille de bilan personnel : quels exercices ai-je expérimenté ?

Lesquels ai-je aimés ou pas ?

Lequel ou lesquels vais-je choisir de pratiquer et pendant combien de temps ?

Mes réflexions personnelles

Se détendre à l'école

À l'école, la plupart des enseignants aimeraient pouvoir à la fois gérer leur fatigue et maîtriser leur stress. Savoir contenir ses pulsions d'énervement au cas où, en respirant par exemple, permet d'être plus calme pour communiquer et plus disponible pour enseigner. D'autant plus qu'un professeur stressé ne peut générer une atmosphère de détente dans sa classe.

Voici donc des exercices ponctuels afin d'être plus en forme en classe. Beaucoup de ces exercices ont été choisis en fonction du fait qu'ils peuvent être pratiqués en toute discrétion debout, en public, dans les couloirs et les salles de classe de votre établissement ou bien assis à votre bureau devant les élèves (éventuellement même avec ces derniers en position assise).

Cependant, trois règles d'or sont à appliquer en priorité pour une réelle efficacité.

Les trois clés anti-stress pour l'école

Ces 3 éléments essentiels à mettre en pratique à l'école ont déjà été mentionnés ; il s'agit d'acquérir une discipline quotidienne quant à sa *conscience de soi* : observez ce que vous ressentez physiquement et mentalement dans le moment présent et répondez à vos besoins de manière simple par :

- votre **posture** : observer son maintien et son tonus est indispensable afin de cultiver une attitude de relâchement, ou encore d'éveil et d'ouverture,
- vos **réflexes de détente** : Reprendre l'idée que ses réflexes naturels et personnels sont adaptés à ses besoins propres incite à les utiliser de façon appropriée,
- votre **respiration** : bien respirer permet de mieux se maîtriser en toutes circonstances et de gérer sa tonicité corporelle,

Le fait de **prendre l'habitude de s'observer** est primordial quand on veut se détendre : s'établira ainsi un réflexe d'auto-observation fine fondée sur le ressenti et non sur le jugement ; une écoute essentielle afin de diriger le corps vers ce dont il a plus besoins dans l'instant, mais aussi afin de permettre un recentrage rapide en cas de déconcentration. Il ne s'agit pas de se tenir bien ou mal, mais d'une **auto-discipline** bienveillante et **génératrice de bien-être**.

1. Première clé : La posture en classe

Si vous vous êtes déjà exercé à la posture debout telle que décrite auparavant, vous n'aurez aucun mal à l'adopter quotidiennement. Afin d'acquérir le réflexe de se tenir droit tout en gardant les articulations souples et les épaules basses, il suffit de vérifier et de rectifier sa posture dès que l'on y pense. Quand vous êtes debout, pensez à écarter légèrement les jambes pour être bien en équilibre (les pieds ne doivent pas être joints), car si vous êtes bien stables vous pourrez tenir debout des heures durant.

La profession d'enseignant exige souvent de rester debout devant le tableau, de piétiner dans la salle de classe, de traverser de longs couloirs, de monter des escaliers.

- Que faire dans ce cas ?

Profitez de cette posture debout, immobile ou en mouvement, pour travailler votre relâchement. Redressez-vous, observez votre positionnement de la tête aux pieds et appliquez-vous à sentir ces derniers au sol.

Quelques secondes de l'exercice de la « prise de terre » décrit plus loin suffiront à vous recentrer ou vous stabiliser si vous éprouvez des difficultés de concentration dues à la fatigue ou au stress d'une situation ; cette prise de conscience du sol sous les pieds aura aussi le mérite de vous donner plus d'assurance et de confiance face à votre public d'élèves. Une posture droite, stable et ouverte facilite la prise de parole et favorise la communication.

2. Deuxième clé : Les réflexes de détente

Vous avez dû à présent repérer vos automatismes corporels, vos petites habitudes anti-stress, vos tics et vos manies, vos bons et « moins bons » réflexes. À vous de choisir, parmi les exercices présentés ci-dessous, ceux qui vous permettront d'aller plus loin dans la mise en œuvre de vos gestes anti-stress au quotidien.

- Passez-vous votre temps à étirer certaines parties du corps ?

Essayez des étirements ou des rotations efficaces et simples afin d'approfondir votre bien-être de manière ponctuelle.

- Vous aimez bien vous masser les épaules, vous frotter les mains ou le visage ?

Explorez d'autres façons de vous toucher afin de soulager vos petites raideurs ou afin de vous tonifier sur le lieu de travail.

- Vous bâillez sans arrêt ?

Continuez! mais de manière plus élégante en faisant de la respiration de manière consciente ; ce dernier point constitue notre 3ème clé anti-stress.

3. Troisième clé : La respiration

Il a été démontré précédemment que respirer profondément est utile à **l'éveil des sens, à la régulation de la voix et à la maîtrise de soi.**

La respiration abdominale que vous avez certainement déjà eu l'occasion de pratiquer à la maison et peut-être de préférence en posture couchée, peut se pratiquer n'importe où. Sa discrétion lui donne un aspect pratique et constitue un de ses nombreux avantages, surtout en classe, comme cela sera décrit ci-après.

Mais sans attendre, commencez déjà à vous exercer en :

- *sentant de temps à autre le mouvement d'ouverture de la poitrine et du haut du corps pendant le temps de l'inspiration et de fermeture pendant le temps de l'expiration,*
- *ou encore en vous concentrant simplement sur la sensation tactile de l'aire qui rentre et qui sort de vos narines (ou de votre bouche),*

L'occasion de **se recentrer et d'apprécier le plaisir de respirer**, de se sentir vivre tout simplement.

Se recentrer en classe

Exercice de « la prise de terre »

1. position debout

« - Debout, bien en équilibre, le corps souple et relâché, je sens mes pieds bien étalés sur le sol : je sens un pied, et toute la partie de la plante du pied collée au sol à travers la chaussure depuis la pointe des orteils jusqu'au talon ; je peux presser légèrement ce pied par terre pour mieux le sentir à plat puis relâcher la pression… je respire… je fais de même pour l'autre pied… puis je m'immobilise pour mieux sentir le contact des deux pieds sur la terre quelques secondes.

- Je bouge de nouveau les pieds, et je marche lentement en sentant chaque pied se dérouler sur le sol. Je redresse le torse, je respire largement, je suis recentré(e), stable, prêt(e) à retravailler et à communiquer avec plus d'assurance. »

Cet exercice peut se faire aussi en position assise devant le bureau

2. position assise

« - Assis(e), le dos droit, le buste et les bras relâchés, le menton légèrement rentré, je sens le pied gauche (ou droit) plaqué au sol, je sens la partie de la plante du pied en contact avec le sol à travers la chaussure,… je respire tranquillement…, puis je prends conscience du sol sous mon autre pied….

- Je sens maintenant mes deux pieds bien étalés au sol, je peux les presser légèrement par terre pour sentir cette dernière, puis relâcher la pression…. je prends une bonne inspiration et je relâche bien mes orteils, mes pieds, mes chevilles et mes jambes. »

Pour aller plus loin dans la détente

Voici quelques variantes à appliquer afin d'approfondir les exercices précédents une fois que vous les aurez maîtrisés :

- debout : reprenez la procédure précédente, puis dès que vous sentez bien vos pieds en contact avec le sol, continuez ainsi :

« - Immobile, je sens maintenant les deux pieds bien collés au sol comme s'ils prenaient racine (*vous pouvez imaginer que des racines partent de vos plantes de pieds et pénètrent dans le sol comme pour un arbre*) ; je suis souple comme le roseau (relâchez bras et jambes en soufflant doucement), mais fort et plein d'énergie comme le chêne qui respire avec ses racines ancrées dans la terre. »

- assis : reprenez la procédure précédente en position assise, puis continuez ainsi :

« - Je peux imaginer (en gardant les yeux ouverts ou les fermant quelques secondes) que des racines partent de la plante des pieds et poussent dans la terre ; ou bien que mes pieds sont reliés à la terre comme à une prise électrique pour y puiser de l'énergie ; ou encore que je respire en puisant de l'air provenant de la terre : cet air passe par mes pieds, mes jambes pour remplir tout mon corps.... Je me régénère et me recentre ainsi rapidement.

Commentaire

Avec la pratique, il devient plus aisé de prendre des habitudes de positionnement correct, pieds à plat au sol et non croisés par exemple ; l'exercice de « *la prise de terre* » permet en outre de se recentrer quand on se sent déstabilisé ou déconcentré (dans une situation délicate, de fatigue ou de stress). N'hésitez pas à prolonger cet exercice de la manière qui vous conviendra quand vous disposerez d'un peu plus de temps. Quelques secondes de plus devraient vous suffire si vous vous entraînez d'abord à la maison. Et par la suite vous pourrez y rajouter une respiration abdominale légère.

S'étirer en classe

Étirement du buste et des membres supérieurs

1- étirement vers le haut (bras à la verticale)

Debout ou assis le dos droit, les pieds à plat au sol, mains jointes devant, les doigts entrelacés, montez les bras avec les paumes de mains vers le ciel et tirez les mains vers le haut en inspirant, puis relâchez doucement les bras en expirant. Recommencez encore au moins une fois...

2- étirement devant (bras à l'horizontale)

Les mains jointes avec les doigts entrelacés, inspirez d'abord en gardant le dos droit, puis étirez les bras devant, paumes vers l'extérieur, le dos bien rond en expirant ; quand vous arrivez au bout de votre souffle, laissez l'air rentrer de nouveau doucement en redressant le dos et en relâchant les bras. Reprenez l'exercice en sentant bien le dos rond, et contractez très légèrement le ventre en arrivant au bout de l'expiration, pour bien vider l'air, laissez ensuite pénétrer l'air en vous redressant et lâchez les bras.

(Cet exercice fait suite à l'étirement *dos rond – dos creux* décrit dans le chapitre : détente active, et peut s'accomplir aussi bien debout qu'assis).

3- étirement sur le côté

Toujours les mains jointes et les bras allongés vers le haut cette fois, (paumes de mains dirigées vers l'intérieur ou l'extérieur), baissez latéralement le buste sur un côté (le côté droit par exemple), tirez tout doucement en inspirant, puis revenez devant en soufflant (gardez bien la poitrine et le regard vers l'avant) ; abaissez maintenant les bras de l'autre côté toujours en tirant doucement et en inspirant, remontez en soufflant. Pour cet exercice, pas besoin d'aller très bas sur le côté, arrêtez-vous dès que vous sentez l'étirement de la taille jusqu'aux doigts. Vous pouvez aussi choisir de rester dans l'étirement quelques secondes, respirez alors à votre guise.

4- étirement des bras derrière le buste

En position assise (dans ce cas les bras seront allongés derrière le dossier de la chaise si possible) ou sinon en position debout, gardez les mains jointes, les doigts entrelacés avec la paume des mains cette fois-ci vers l'intérieur, les bras derrière le dos. Inspirez en tirant les bras vers l'arrière, le torse bombé vers l'avant, puis expirez en relâchant doucement les bras.

Étirement des membres inférieurs

1- pour étirer les jambes devant soi

Assis sur votre chaise, vous effectuerez ces étirements de jambes, l'une après l'autre à l'horizontale :

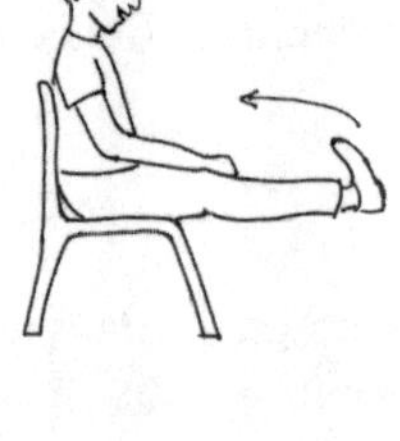

- soit en tirant sur le talon vers l'avant et les orteils vers vous,
- ou encore en tirant la pointe de pied devant ; prenez le temps d'inspirer et d'expirer à fond pendant l'étirement,
- vous reprendrez avec les deux jambes, et si vous désirez accentuer l'étirement, mettez les deux bras en l'air et tirez en même temps les mains vers le ciel,

- prenez le temps d'observer le relâchement des jambes, des orteils jusqu'aux hanches, en passant par vos cuisses que vous sentirez s'étaler bien en contact sur la chaise.

2- pour étirer les jambes derrière soi

- levez-vous et placez-vous derrière votre chaise, les mains en appui sur le dossier, gardez le dos droit,
- pliez une jambe et tendez l'autre en arrière, comme pour effectuer un allongement du mollet, en pressant le talon vers le sol (les pieds nus ou avec des chaussures plates).

Cet exercice d'origine *brain-gym* a été décrit dans le chapitre *Se détendre à la maison*. Étant moins discret que les autres, il se fera surtout au cours des interclasses ; efficace pour détendre les muscles crispés du mollet (en particulier lors du port de chaussures à talons), il stimulera aussi votre capacité à faire face ou à aller de l'avant.

Torsion du buste

Cette torsion vous rappellera celle déjà effectuée à la maison en position assise, jambes allongées sur le sol ; vous pourrez l'effectuer pour soulager vos raideurs dorsales :

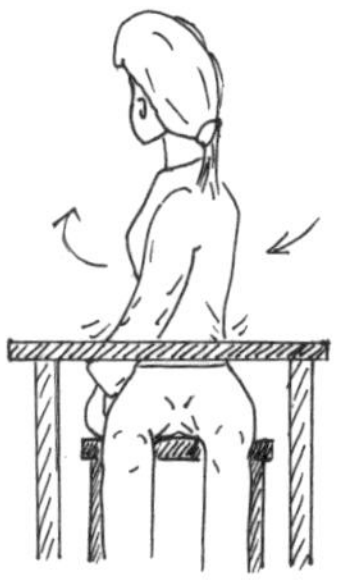

- ici, vous êtes assis sur une chaise, devant votre bureau par exemple, et vous gardez les fesses collées à la chaise sans pivoter les hanches et les jambes ; les pieds restent bien à plat au sol. Vous redressez le dos et vous tournez le buste sur un côté comme pour regarder en arrière ; les deux bras se retrouvent du même côté pour accompagner le mouvement jusque derrière le dos. Pensez à inspirer devant avant de tourner du côté opposé et à expirer pendant la torsion du buste. Revenez devant en inspirant.
- reprenez encore cette torsion des deux côtés, et cette fois-ci gardez la position quelques secondes afin de respirer doucement dans la torsion.

Variante

Si vous avez du mal à garder les jambes fixes, servez-vous d'une main pour les retenir. Par exemple, en tournant la tête et le buste vers la gauche, vous retiendrez vos jambes de la main droite (main droite ou avant-bras droit placé sur le côté gauche de la jambe gauche). Tandis que le bras gauche sera croisé dans le dos. Ainsi vous maintiendrez mieux la position.

Rotations

Une manière encore plus simple et plus discrète de se dégourdir dans sa salle de classe debout ou assis, seul ou en présence des élèves.

Effectuer des rotations débloque les articulations, mais si ces mouvements semblent faciles, allez-y tout de même doucement, surtout si vous souffrez d'arthrose ou autres douleurs articulaires. Cependant, si vous prenez le soin d'allier la respiration à la douceur, vous pourrez accroître votre mobilité.

1- les yeux

- Réveillez vos yeux fatigués en les faisant rouler dans leurs orbites, une fois les yeux fermés, une fois les yeux ouverts ; si vous portez des lunettes, n'oubliez pas de les ôter. Les rotations peuvent être multiples, nous nous contenterons au départ d'effectuer des cercles en regardant autour de nous :
- pour commencer, regardez tout à fait à droite, puis tout à fait à gauche, en gardant la tête de face.... ne bloquez pas la respiration... regardez en haut, le plus haut possible sans bouger la tête, puis en bas ;
- tournez les yeux en rond ; ne bougez surtout pas la tête pendant toute l'opération : mettez les deux yeux bien en haut, bien à gauche, bien en bas, bien à droite, revenez en haut, respirez largement et repartez dans l'autre sens ;
- pour finir, au lieu de frotter les yeux, comme on a parfois tendance à le faire, posez simplement les paumes de main pardessus. Fermez les yeux quelques secondes dans cette position et posez les coudes sur la table si vous êtes assis à votre bureau. La chaleur des mains vous reposera les yeux (qu'ils soient ouverts ou fermés). Prenez le temps de respirer profondément car beaucoup de tensions sont logées dans les muscles situés à l'intérieur des orbites.

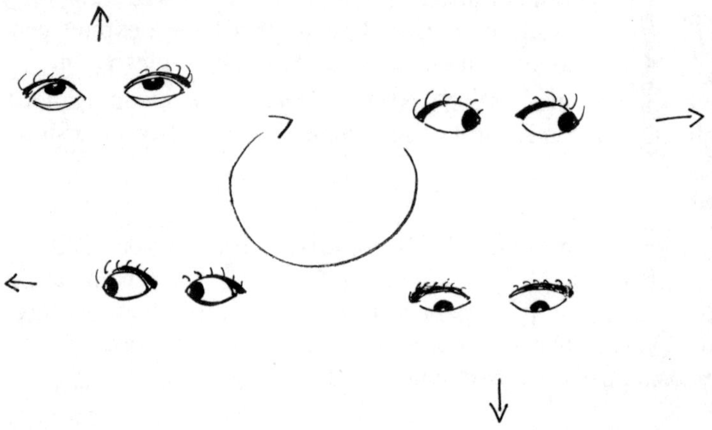

2- la tête

- Baissez-la tête en avant en expirant, levez-la en inspirant ; baissez-la ensuite doucement sur un côté (toujours visage vers l'avant) puis sur l'autre côté. Maintenant respirez quelques secondes avant d'amorcer la rotation du cou en haussant d'abord les épaules,
- Gardez les épaules hautes et faites un rond entier avec la tête ; pensez à inspirer quand votre tête va en arrière, et à expirer quand votre tête va vers l'avant. Tournez ensuite dans l'autre sens ;
- Si vous préférez faire simple, vous n'êtes pas obligé d'inspirer ou d'expirer à ce moment précis. Ce qui est important, c'est de hausser les épaules pendant la rotation pour ménager les vertèbres cervicales. La respiration donne simplement un rythme au mouvement et accélère le relâchement, surtout si l'on expire par la bouche ;
- N'oubliez surtout pas de bien relâcher les épaules en fin de rotation.

Cet exercice apparemment très simple est doublement efficace : il permet de travailler le relâchement du cou et des épaules, mais sert aussi à l'éveil intellectuel (problèmes de compréhension, tendances dyslexiques à l'écriture dûes à la fatigue).

3- les épaules

- Tournez d'abord une épaule en faisant un rond d'avant en arrière deux ou trois fois, élargissez la rotation puis refaites de même dans l'autre sens. Sentez le relâchement de l'épaule avant de passer à l'autre ;
- Tournez, pour finir, les deux épaules ensemble en faisant de nouveau de grands ronds ; et essayez cette fois-ci en respectant la respiration comme suit :
- quand vous ouvrez le torse pour étirer les épaules en arrière, inspirez ;
- quand vous refermez les épaules vers l'avant, expirez ;
- Avec l'entraînement, vous prendrez l'habitude d'expirer dans tous les mouvements fermés, et d'inspirer dans les positions ouvertes.

4- les mains et les poignets

Détendez d'abord vos mains avant de faire les rotations de poignets :

- Commencez par ouvrir et fermer chaque main plusieurs fois en étirant bien les doigts, respirez bien et secouez les mains.

- Tournez maintenant les deux poignets en faisant des grands ronds avec les mains, dans un sens puis dans l'autre. Pensez toujours à respirer largement.

S'il vous arrive d'être fatigué d'écrire ou d'avoir des crampes, ces rotations et étirements vous soulageront. Usez-en à volonté de même que les rotations de chevilles. Ces petits mouvements peuvent vous aider à décompresser ou vous dégourdir très rapidement.

5- les chevilles

- Tendez les jambes, bougez les pieds dans tous les sens, déchaussez-vous discrètement si cela est possible pour sentir bouger vos orteils.

Ensuite, rechaussez-vous (si cela est nécessaire) et passez aux rotations de chevilles :

- Amusez-vous à faire des ronds avec les pieds ; les deux pieds dans le même sens (droite puis gauche), puis en sens inverse (un pied tournant vers la gauche, l'autre vers la droite et inversement). Pensez à respirer puis reposez les pieds à plat sur le sol pour les relâcher.
- Si vous voulez, faites d'abord un pied après l'autre et comparez les différences de relâchement, avant de faire les deux pieds en même temps.

Faites des rotations de chevilles, en cas de fatigue passagère, de lourdeur ou d'engourdissement des membres inférieurs.

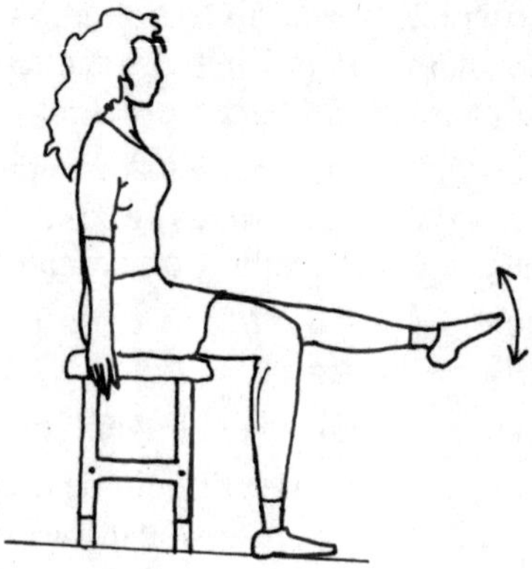

Mieux respirer en classe

Prendre une bonne inspiration face à une agression verbale ou même physique favorise la maîtrise de soi. L'apport d'oxygène réveille aussi les sens et aide à combattre la fatigue.

Respirer reste le seul moyen tout à fait discret de se relaxer en public ou de reprendre de l'énergie en classe ou ailleurs.

Si vous avez testé votre rythme respiratoire en vous exerçant à la maison, et si vous vous êtes entraîné à la respiration abdominale, vous saurez facilement appliquer la méthode conseillée ci-après. Vous pourrez ainsi acquérir la faculté de vous détendre rapidement n'importe où.

Reprendre son souffle

- Debout ou assis, commencez par prendre conscience de votre souffle : Posez une main sur la poitrine et l'autre sur le ventre afin de sentir comment vous respirez (vite ou lentement, plutôt vers le haut ou plutôt vers le bas ?) ;
- Si votre respiration est plutôt haute, allongez votre souffle en vous focalisant sur votre ventre : posez les deux mains autour du nombril et observez votre ventre qui se gonfle et se dégonfle, progressivement plus largement ;
- Vous pouvez alors lâcher les mains et garder l'attention sur votre abdomen ;
- Sentez l'air pénétrer votre corps par les narines, remplir vos poumons et pousser votre ventre vers l'avant. Suivez le trajet de l'air consciemment quelques secondes, aller et retour ;
- Bâillez et reprenez une respiration normale.

Commentaire

La méthode ici décrite pourra être facilement écourtée, car avec l'habitude vous n'aurez plus besoin de poser les mains sur l'abdomen pour sentir votre souffle s'allonger. Il suffit donc de quelques secondes pour **se reconnecter à sa force intérieure** en utilisant sa capacité respiratoire.

D'autre part, pensez à respirer consciemment le plus souvent possible, en marchant dans les couloirs, debout ou assis dans la classe. Mais surtout, quand vous sentez monter la pression, prenez le temps de respirer profondément afin de contrecarrer les montées néfastes d'adrénaline.

Se masser en classe

Souhaitons que l'auto-massage fasse désormais partie de votre hygiène de vie quotidienne. Peut-être avez-vous déjà sélectionné quelques pratiques de « do-in » décrites dans le chapitre sur le massage à la maison. Car si votre pratique du matin vous réveille, vous pouvez aussi vous retonifier à tout moment de la journée en vous massant aux endroits stratégiques (la nuque ou les mains entre autres).

Par exemple, vous pouvez vous délasser les mains quand vous êtes fatigué d'écrire. Se masser la main, c'est prendre soin du premier outil qui nous permet de travailler; ce peut être aussi le moyen de se réchauffer ou se réveiller en toute occasion. Pensez à vous frotter un peu les mains avant ces « massages-minute », vous pourrez ainsi profiter de la chaleur de celles-ci pour améliorer la décontraction des muscles.

Se masser les mains

Si c'est déjà un de vos automatismes préférés profitez-en. Allez-y à fond :

- frottez-vous d'abord les mains jusqu'à ce qu'elles soient bien chaudes;
- d'une main, massez-vous la paume de l'autre main. Utilisez la partie charnue du pouce pour faire des petites pressions tout autour de la paume en partant du centre;
- pétrissez-vous aussi doucement les doigts, jusqu'aux bouts des ongles; mobilisez ensuite les articulations de chaque doigt en vous aidant de l'autre main : secouez et faites des ronds avec chaque doigt;
- Pour finir, faites des rotations de poignets, secouez les mains;
- Si vous avez le temps, posez vos mains quelque part pour observer leur relâchement au repos. Éventuellement fermez les yeux quelques secondes et respirez profondément.

Se masser la nuque

- avant d'entamer le massage des trapèzes et du cou, roulez un peu des épaules pour vous décontracter et frottez-vous les mains;
- si vous voulez vous masser l'épaule gauche, tâtez-la et tapotez-la de la main droite. Utilisez la main du côté opposé pour être plus à l'aise;
- malaxez la partie charnue du muscle en appuyant avec les doigts et la paume de la main (sans pincer) quelques secondes. Sentez le relâchement du côté massé, comparez-le à l'autre, quelles différences ressentez-vous ? Puis passez à l'autre épaule, avec la main opposée;
- au cas où le muscle serait très tendu, tournez la tête du côté de l'épaule concernée et respirez largement pendant l'auto-massage;
- si vous avez aussi des tensions au niveau du cou, terminez en massant l'arrière du cou de bas en haut, avec les deux mains, de part et d'autre des cervicales, en évitant de toucher ces dernières.

Feuille de notes : quels exercices ai-je expérimentés ?

Lequel ou lesquels vais-je choisir de pratiquer en classe et à quelle fréquence ?

Mes réflexions personnelles

Le dernier conseil de l'auteur

Pour finir, à l'école comme à la maison, ***osez vivre pleinement*** les expériences proposées dans cet ouvrage, si vous voulez en tirer le meilleur profit.

Bon courage à tous ceux qui en ont besoin, mais surtout à tous ceux qui veulent mieux profiter de la vie, du bon plaisir de la détente ! goûtez pleinement au plaisir d'*être* plutôt que de *faire ;* être attentif à soi, accueillir ses sensations sans réfléchir ; être en interaction consciemment avec tout ce qui vous entoure à travers vos sens, à travers un regard neuf. Redécouvrez et profitez de votre sourire intérieur. C'est d'abord ce dernier que vous communiquerez à vos élèves.

Bref, vivez vos moments de relaxation comme une fête des sens, une célébration du plaisir d'exister ; sentez pénétrer et couler en vous le souffle perpétuel de vie sans cesse renouvelé, laissez ce souffle vous nettoyer, vous régénérer. Soyez un avec le flux et le reflux de la vie qui vous habite, toujours, ici et maintenant…

« Ce que j'ai expérimenté :

- Ce que j'ai appris et découvert, sur moi-même, sur les autres, sur mon métier :

- Ce que je souhaite continuer :

- Ce que je décide pour mon mieux-être :

Mes prochaines étapes

-

-

-

Bibliographie

Atkinson J. M., *Je travaille sans stress,* Collection entreprise pratique, Top, nov. 1995.

Blary Jacqueline et Rosenberg Sylvie, *L'écran sans le stress,* Dangles, 2006.

Boski Samy, *La relaxation active à l'école et à la maison,* Retz, 1991.

Boujon Christophe et Quaireau Christophe, *Attention et réussite scolaire,* Dunod, 1997.

Chalvin Marie-Joseph, *Deux cerveaux pour la classe*, (Outils pour la classe) Nathan Pédagogie, 1999.

Chalvin Maire-Joseph et Girard Véronique, *Un corps pour comprendre et apprendre* (Outils pour la classe) Nathan Pédagogie, 1999.

Choque Jacques, *Concentration et relaxation pour enfants,* Albin Michel, 2000.

Choque Jacques, *Massage pour les bébés et les enfants,* Albin Michel, 1997.

Dennison Paul et Gail, *Le mouvement clé de l'apprentissage, Brain-gym, kinésiologie éducative*, Souffle d'Or, 2005.

Dennison Paul et Gail, *Kinésiologie pour enfants,* Souffle d'Or, 2002.

Einon Dorothy, *Apprendre en s'amusant,* Solar, 2000.

Falardeau Guy, *Les enfants hyperactifs et lunatiques,* Éditions du Jour, 2000.

Flak Micheline, (de) Coulon Jacques, *Des enfants qui réussissent (le yoga dans l'éducation),* Desclée de Brouwer, 1993.

Gagné Pierre Paul, *Être attentif... une question de gestion,* Chenelière/Mc Graw-Hill, 2001.

Garanderie (de la) Antoine, *Pédagogie des moyens d'apprendre,* Centurion, 1982.

Garanderie (de la) Antoine, *Réussir ça s'apprend,* Bayard, 1994.

Groc de Salmiech Charles, *Relaxation et détente par la méthode Vittoz,* De Vecchi, 1995.

Hourst Bruno, *Au bon plaisir d'apprendre,* InterÉditions, 2002.

Isimat-Mirin Maryse, *Se détendre pour mieux apprendre*, Chronique Sociale, 2007.

Manent Geneviève, *La relaxation et l'enfant,* Souffle d'Or, 1997.

Manent Geneviève, *La relaxation pour ensoleiller le quotidien,* Souffle d'Or, 1997.

Montagner Henri, *Les rythmes de l'enfant et de l'adolescent,* Stock/Laurence Pernoud, 1983.

Philizot Henriette, *Devenir attentif (30 séances de relaxation et de yoga),* Nathan, 2003.

Tomatis Alfred, *Pourquoi Mozart,* Le Livre de Poche, 1993.

Trankiem Brigitte, *Stress, attention, action,* Nathan Pédagogie, 1999.

Trocmé-Fabre Hélène, *J'apprends, donc je suis,* Éditions d'Organisation Poche, 1994.

Venner Anne-Marie, *40 jeux pour l'expression corporelle à l'école,* Retz, 1991.

Vittoz IRDC, *Développer son attention et sa concentration,* Chronique Sociale, 2007.

L'Association Bien-être et Éducation

Il s'agit d'une association loi 1901 dont le but non lucratif est de permettre l'utilisation des techniques de bien-être à l'école en toute sécurité et dans un cadre purement laïque (les intervenants font tous partie du système éducatif et répondent à une éthique exigeante afin d'éviter toute dérive sectaire). Les méthodes de bien-être proposées sont soigneusement élaborées et spécifiquement adaptées à la réalité des difficultés du public sur le terrain. Elles sont donc destinées aussi bien aux enseignants qu'aux élèves, souvent soumis à des stress divers et quotidiens dans le cadre scolaire.

Dans la pratique, il s'agit de monter des projets d'action éducative (PAE) au primaire et des projets pédagogiques au secondaire pour aider les élèves en difficulté et leurs enseignants, mais aussi pour permettre une meilleure gestion du stress et des performances cognitives aux élèves préparant des examens et des concours.

L'association collabore avec tous les acteurs de l'éducation (professeurs, CPE, assistants d'éducation y compris psychologues et infirmiers scolaires si besoin est), avec de centres de formations et même avec les centres de loisirs. Les techniques de bien-être proposées doivent permettre à tous de mieux vivre, communiquer et apprendre à l'école ou en communauté éducative.

La présidente, M. Isimat-Mirin

Un aperçu des formations proposées :

- Se détendre pour mieux enseigner,
- Se détendre pour mieux apprendre,
- Détente et brain-gym,
- Pédagogies nouvelles,
- Motiver et accompagner l'élève en difficulté,
- Détente, respect et non violence.

D'autres intitulés peuvent être mis en place sur demande.

Pour plus de renseignements :
Association Bien-être et Éducation,
78, Av, Gl de Gaulle, 97190 Gosier, Guadeloupe,
tel : 0590 846496 ; email : coeure@wanadoo.fr

Chronique Sociale 7, rue du Plat - 69002 Lyon

Nos livres par collections avec indication du niveau de lecture	**Ev** : Eveil **Es** : Essentiel **S** : Synthèse **Dé** : Débattre

Comprendre les personnes

Ev - Les étapes du développement de la personnalité - Livres illustrés

Le bébé et ses parents. 0 à 18 mois
A. Guillotte - 3e édition
1 à 3 ans. Vers une personnalité autonome
J.-F. Skryppczak - Roland Burlet - 3e éd.
3 à 6 ans. L'enfant metteur en scène de sa vie
A. Guillotte - T. Lardier - 3e édition
L'œdipe. Moyen de libération
C. Maccio - Cl. Régnier - 104 pages - 2e édition
* **5-12 ans. Les enfants et leur enfance**
M. Richard - 104 pages - 4e édition
* **11-15 ans. Les enjeux d'une révolution**
A. Donval - O. Thibault - R. Gattegno - 112 p. - 6e éd.
* **14-18 ans - L'adolescence**
M.-F.Jallade - 3e édition

* * *

Es * **À l'écoute du symptôme IVG**
B. Avon - 168 p.
* **Accompagner l'enfant trisomique**
D. Vaginay - 240 p. - 2e édition
* **Accompagner le placement familial**
G. de l'Espinay & C. Papalardi - 176 p.

Es * **Accomplir sa vie -** André Gromolard - 144 p.
Es * **Accroître le soin relationnel**
B. Cuisinier - 368 p.
Es * **Adolescence : les clefs pour comprendre**
Collectif - 212 p.
Es * **Adolescents, drogues et toxicomanie**
L. Gonet - 144 p.
* **Adoption (l')** - A. Decerf - 190 p. - 2e éd.

Es * **Aider les enfants en difficultés d'apprentissage**
J.-C; Juhel - 364 p.
Es * **Aides-soignant(e)s en gériatrie**
A.-M. et A. Crepet - 200 p.
* **Alzheimer, l'aide aux aidants** - J. Gaucher, G. Ribes, T. Darnaud - 144 p.

Es * **Animer un atelier de réminiscence**
A. Goldberg - 160 p. - 2° éd.
Es ***Art-thérapie et maladie d'Alzheimer** - Christine Hof - 120 p.
Es * **Autonomie et handicap moteur** - A. Loher-Goupil - 148 p.
Es * **L'avortement et le lien maternel**
Isabelle Tamian-Kunégel - 144 p. - 2e édition
Es * **Choisir sa vie, Vivre ses choix**
Philippe Lefèvre - 104 p.
Es * **Chronique d'une mort refusée** - J.-L. Gay - 160p.
Es * **Comment en finir avec les persécutions à l'école**
G. Deboutte - 176 p.
Es * **Communiquer avec des personnes âgées**
M. Perron - 176 p. - 4e édition
Es * **Comprendre la culture arabo-musulmane**
X. Remacle - 176 p. - 2e édition
* **Comprendre la culture hindoue** - B. Tison - 208p
* **Comprendre la sexualité de la personne handicapée mentale** - D. Vaginay - 199 p.

Es * **Comprendre le vieillissement** - Libérer ses peurs - Apprivoiser sa vieillesse - D. Thiébaud - 98 p.
* **Comprendre les jeunes** -S. Bévillard - 112 p.
* **Le corps - Rôle et parole -** M.-L. Latour - 184 p.
* **Les courants de la psychologie**
M. Richard - 292 p. - 3e édition

Es * **La déficience intellectuelle** - J-C. Juhel - 408 p.
Es * **Dessine-moi un parent** - A. Deroo - 152 p.
Es * **Du paraître à l'être** - C. Hyerlé - 176 p.

Es * **L'écoute réciproque** - A. Gromolard - 104 p.
Es * **Écouter l'autre.** Tant de choses à dire
A. Vannesse - 96 p. - 4e édition
Es * **En finir avec le tabac** - J.-L. Nicaud -128 p.
Es. * **Enfances populaire, Invisibles enfances**
S. Blanchet - 128 p.
Es * **L'enfant meurtri** S'en sortir sans rancune
G. Le Thi Mui - 160 p.
Es * **Ensemble face à la drogue** - Agir au quotidien
F. Mozzo-Counil - 192 p.
Es * **Être femme ssur le chemin de Compostelle**
G. Dutey - 160 p.
S * **Être malade et apprendre** - O. Delorme - 224 p.
Es * **Éveil à l'enfant (l')**- C. Bopp-Limoge - 448 p.
S * **Face aux ruptures de vie** - IRDC Vittoz - 112 p.
Es * **Favoriser le développement de l'enfant**
J.-C. Juhel - 240 p.
Es * **Femmes en errance - De la survie à l'existence**
Association Femmes SDF (Grenoble-38)- 120p.
S * **Femmes et santé** - F. Desailly - 256 p.
Es * **Femmes musulmanes** - J. Criscuolo - 128 p.
Es * **Groupes sectaires totalitaires (les)**
M. Bouderlique - 112 p.
Es * **Habiter son corps, découvrir son être** - M. Bussillet - 168 p.
Es * **L'homme et son langage** - Introduction à la linguistique - F. Poché - 160 p.
Es * **Imaginer et réaliser**, La marmite des professionnels en gériatrie - N. Lairez-Sosiewicz - 112 p.
S * **L'inné et l'acquis -** Inégalités "naturelles" et sociales - J-F Skrzypczak - 208 p. - 3e édition
Es * **Intervenir en milieu familial**
G. & J. Larocque - 124 p.
S * **Intimité, secret professionnel et handicap**
Collectif - 192 p.
Es * **Introduction à la psychanalyse de Freud**
M. Dethy - 152 p. - 5e édition
Es * **Introduction à la psychanalyse de Lacan**
M. Dethy - 152 p. - 5e édition
Es * **Introdiction à la psychologie d'Adler** - C. Rager 176 p.
Es * **Itinéraires d'insertion -** Mireille Debard - 160 p.
Es * **Le livre du Moi -** Christian Staquet - 160 p.
S * **Maladie d'Alzheimer** - À l'écoute d'un langage
Dr L. Ploton -3e édition - 176 p.
Es * **Maladies psychosomatiques et troubles de la sexualité** - M. Dethy - 120 p.
Es * **Mieux vivre nos désirs** - De la naissance à la fin de vie - Dr P. Lefèvre - 256 p.- 2e éd

Es * **Musique, thérapie et animation** C. Rivemale - 158 p.
S * **Papé et sa maison de retraite**, T. Darnaud, 208 p.
Es * **Parler pour exister -** Créer des espaces de parole C. Bizet - 208 p.
Es * **Parole de suicidaires** Patrick, Annie et quelques autres - 136 p.
Es * **Pèleriner vers Compostelle,** G. Dutey - 192 p.
S * **La personne âgée -** Dr L. Ploton - 256 p. - 6e éd.
Es * **La personne autiste et le syndrome d'Asperger** J.-C. Juhel - 312 p.
Es * **Polytoxicomanie,** Adefi - 208 p.
Es * **Pour une éducation de la liberté.** C. Maccio - 208 p. - 4e édition
Es * **Prendre sa vie en main** A. Gromolard - 128 p. - 4e édition
Es * **Processus clinique en éducation spécialisée** - M. Landry - 358 p.
S * **Psychologie de la désadaptation** J. Ratté - 402 p.
Es * **Réaliser un projet accueil petite enfance** C. Schuhl - 120 p.
Es * **Reconnaître le handicap psychique** - R. Baptiste - 168 p.
Es * **La relation d'aide** - L. Tremblay - 192 p.
S * **Re-créer les liens familiaux -** M. Savourey - 192 p.
Es * **Re-trouver l'estime de soi** C. Bizouard et D. Roche - 128 p.
Es * **S'épuiser ou se construire** - J. Bopp - 96 p.
Es * **Se reconstruire face à un cancer du sein** J. Jehane - 128 pages
Es * **Secrets intimes - Secrets de famille** M. Quesnoy-Moreau - 112 pages
Es * **Sectes** - Les manipulations mentales M. Bouderlique - 128 pages - 3e édition
S * **Sophrologie en pédopsychiatrie** J.-F. Fortuna - 208 pages
Es * **Subir ou rebondir après une agression** C. De Mey-Guillaud & S Raguin - 128 p.
Es * **Taire et transmettre** - Martine Lani-Bayle - 192 p.
S * **Trisomie 21** D. Vaginay et coll. - 224 p.
Es * **La vie de la personne âgée** Dr A. Ladret - 128 p.
Es * **Violences familiale, scolaire et sociale** P. Marc - 176 p.
Es * **Visages de la pauvreté** C. Violette-Bajard - 160 p.
Es * **Vivre âgé jusqu'au bout** - A. Métral - 144 p.
Es * **Vivre après l'accident** J.-L.Simon - 152 p. - 2e édition
Es * **Vivre avec des personnes âgées** C. Pichaud - I. Thareau - 4e édition - 208 p.
Es * **Vivre avec son handicap** J. Criscuolo - 160 p.
Es * **Vivre en crèche** - Remédier aux douces violences - C. Schuhl - 80 p - 3e éd.
Es * **Vivre la boulimie** S. Riéty - 2e édition - 160 p.
Es * **Vivre l'animation auprès des personnes âgées** N. Lairez-Sosiewicz - 144 p. - 4e éd.
Es * **Vivre la relation avec son bébé** - Allaiter - Dormir - Porter - N. Roques - 132 p.
Es * **Vivre la sexualité - Encyclopédie illustrée** D. Vaginay - Daniel Balvet - 176 p.
Es * **Vivre le deuil** M.-F. Augagneur - 160 p. - 4e édition
S * **Vivre sa grossesse et son accouchement** I. Brabant - 440 p. - 2e éd.
Es * **Vivre une relation d'aide** - C. Pichaud - 192 p.
Es * **Vivre une thérapie** - Histoires de pères C. Merle - 112 p.

Comprendre la société

S * **Acteur dans la ville, acteur dans la vie** C. Bopp-Limoge - 350 p.
Es * **Apprendre avec plaisir**. Refonder des relations sociales - D. Rambaud - M. Jeannerat - 160 p.
Es * **Combattre les exlusions -** M. Falisse - 176p.
S * **Comprendre et gérer les conflits dans les entreprises et les organisations** P. Rousseau - 172 p.
Es * **Comprendre l'action des sectes** M. Bouderlique - 144 p. - 2e édition
Es * **Comprenre l'économie sociale et solidaire** - N. Bardos-Feltoronyi - 160 p.
Es * **Comprendre l'économie politique** - Y. de Wasseigne - 288 p.
Es * **Comprendre l'histoire de la Vie** A.é Steiger - 224 p.
S * **Comprendre le 20e siècle - Construire le 21e** A. Samuel - 302 p.
Es * **Connaître et dynamiser sa commune** M. Robin - 184 p.
S * **Construire des actions collectives** - Développer les solidarité - B. Dumas - M. Séguier - 232 p. - 3e éd.
Es * **Construire la démocratie** - P.-Y. Chereul - 176 p.
S * **Construire une éthique de la coopération** J.-Cl. Lavigne et B. Lestienne - 192 p.
Es * **Créativité et innovation dans les entreprises et les organisations** R. Remouchamps & F. Tilman - 160 p.
S * **Culture et changement social** - Approche anthropologique - D. Mandon - 208 p.
Es * **De l'Église des premiers siècles aux guerres de religion - Culture religieuse, Tome 2** J. Cordonnier - 136 p.
Es * **De la préhistoire aux débuts du christianisme - Culture religieuse, T 1 -** J. Cordonnier-120 p
Es * **Dérives religieuses**, Culture religieuse, Tome 5 J. Cordonnier - 144 p.
Es * **Des guerres de religion à la guerre de 1914, Culture religieuse, T3** -J.Cordonnier - 160 p.
Es * **Religions et croyances actuelles, Culture religieuse, T 4** - J. Cordonnier - 272 p - 2e éd.
S * **Dictionnaire des solidarités** P.Ansay & A. Goldschmidt – 264 p.
S * **Les droits de l'homme** - Guide d'information et de réflexion - 2e éd - M. Simon - 180 p.
S * **Droits de l'homme - Droits des peuples** P. Richard - 184 p.
Es * **Du Big-Bang à l'Homme moderne** C. Faure - 104 p.
D * **L'entreprise démocratique** J. Benoit - D.Yurkievich - 192 p.
S * **Faire avec l'objet** - J.-P. Filiod - 224 p.
Es * **Genèse et Evolution** - A. Steiger - 112 p.
Es * **Guide pratique d'éducation à l'environnement** Réseau École & Nature - 368 p.
Es * **Handicap et cinéma -** G. Bonnefon - 112 p.
Es * **Histoire des États-Unis** Y. Bourdon & J. Lamarre - 278 p.
Es * **Histoire de la civilisation occidentale** G. Langlois - G. Villemure - 338 p.

Es * **L'homme et la culture** - J. Billaud - 128 p.

S * **Introduction à la littérature française**
J. Beauté – 200 p.

S * **Introduction au travail social**
Y. Hurtubise & J.-P. Deslauriers - 256 p.

Es * **JAC / MRJC** - Origines et mutations
Collectif - 424 p.

Es * **La Laïcité - Une exigence pour la paix**
Albert Samuel – 208 pages

S * **Maîtriser les mutations techniques** - L'humanité face aux changements - C. Maccio - 312 p.

Es * **Migrations internationales et marché du travail** - Collectif - 208 p.

S * **Les médiations du travail social**
M.-F. Freynet - 304 p. - 4e édition

Es * **Mythologie païenne et Christianisme**, **Culture religieuse, Tome 6** - J. Cordonnier - 176 p

Es * **Notre santé - Une école de vie**
M. Pohier - 240 p.

Es * **Organiser la résistance sociale** - F. Poché - 96 p.

S * **Partager les savoirs, Construire le lien**
Collectif - 352 p.

Dé * **Petit lexique à l'usage du travailleur social** - Thierry Darnaud - Guy Hardy - 128 p.

Es * **Pratiquer la santé communautaire**
Institut Th. Renaudot - 144 p.

S * **Les religions aujourd'hui**
A. Samuel - 368 p. - 4e édition

Es * **Religions et croyances actuelles** - Culture religieuse, Tome 4 - J. Cordonnier - 272 p - 2e éd

S * **Les sciences humaines en mouvement**, L'humanité face aux changements - C. Maccio - 336 p.

Es * **(Se) former à la santé communautaire** - Patrice Deconstanza - 136 p.

Es * **S'initier à la sociologie** - J. Feschet - 224 p.

S * **Solidarité par le partage du travail et des revenus**
L'humanité face aux changement - C. Maccio - 304 p.

Es * **Traité de stratégie à l'usage des travailleurs sociaux**
P. Papillon - D. Wahbi - 160 p.

S * **Les transactions aux frontières du social**
Collectif – 256 p.

Es * **Le travail. Regard photographique** BIT - 104 p.

S * **Le travail social**
L. Fèvre - 288 p. - 2e édition

S * **Valeurs pour notre temps** - L'humanité face aux changements - C. Maccio - 260 p.

Pédagogie / Formation

S * **Accompagner l'adolescence**
C . Philibert et G. Wiel - 224 p. - 3e édition

Es * **Accompagner l'éducation et la scolarité**
UNAPEL - 168 p.

Es * **Accompagner les jeunes dans la réussite de leurs projets** - Collectif - 128 p. - 2e éd.

S * **Accueillir, accompagner, former des enseignants** - P. Pelpel - 224 p.

S * **Accueillir les élèves** - C. Staquet - 192 p. - 2e éd.

S * **Analyser le fait éducatif**-R. Goldstein - 224 p.

S * **Apprendre à l'école maternelle** - E. Bautier

Es * **Apprendre à philosopher** - J.-C. Pettier - 256 p.

Es * **Apprendre en projet** - M. Huber - 192 p. - 2e éd.

Es * **Apprendre et réussir ensemble**
V. Lemière - 176 p.

S * **Apprendre l'autonomie - Apprendre la socialisation** - M.-A. Hoffmans-Gosset - 168 p. - 4e édition

Es * **Apprendre l'orthographe** - Le français par la Cible - F. Le Turdu - 208 p.

Es * **Apprendre le vocabulaire** - H. Dupart - 192 p.

Es * **Apprendre sans peur** - A. de la Garanderie - 96 p.

S. * **Art et littérature en classe d'espagnol (L')** - M-A Médioni - 240 p.

S * **Au risque de changer** - D. Cand - 132 p.

S * **Autoformation et développement personnel**
J.-M. Lange - 168 p.

S * **Autoformation et fonction de formateur**
P. Galvani - 170 p.

Es * **Autonomie et formation** - Collectif - 272 p.

S * **Carl Rogers et l'action éducative** - J-D Rohart

S * **Le centre-ressource.** Pourquoi ? Comment ?
A. Kepler - 184 p.

Es * **Chef d'établissement : des métiers, une passion**
F. Rollin - 192 p. - 2e édition

Es * **Les chemins de la pédagogie**
F. Tilman - D. Grootaers - 128 p.

Es * **Les chemins des savoirs en maternelle**
M. Libratti - Ch. Passerieux - 132 p.

S * **Comprendre les chemins de la connaissance**
A. de la Garanderie - 224 p.

S * **Concevoir des parcours professionnels**
CAFOC Nantes

S * **Conduire un projet**
M. Chambon - H. Pérouze - 232 p. - 4e éd.

Es * **Conflit, mettre hors-jeu la violence**
N.V.A. - 144 p. - 4e édition

Es * **Des conflits à l'école** - Hugues Lethierry - 176 p.

Es * **Conseiller Principal d'Éducation**
M.-H. Broch - 272 p.

Es * **Construire des stratégies de nouveau départ**-École-Collège-Lycée - A. Jaligot et G. Wiel - 184 p.

Es * **Construire ses savoirs, Construire sa citoyenneté**
GFEN - 320 p. - 2e édition

Es * **Conte et (ré) éducation** - J. Thomassaint - 104 p.

Es * **Contes et métaphores** - L. Fèvre - 192p. - 2e éd.

Es * **Un corps à vivre**
M. Guillois - M. Lemaire- 208 p.

Es * **Les courants de la pédagogie contemporaine**
J. Beauté - 192 p. - 5e édition

Es * **Débattre à partir des mythes** - Michel Tozzi- 208 p.

Es * **Décider dans l'école** - J.-P. Julliand - 208 p.

Es * **Le défi-lecture** - J.-J. Maga & C. Méron - 192 p. 6e édition

S * **Développement des capacités personnelles**
Guide d'autoformation - A. Kepler - 264 p.

Es * **Développer des relations de coopération en milieu professionnel** - Michel Bernard - 112 p.

Es * **Devenir efficace dans ses études**
C. Bégin - 208 p.

Es * **Diriger autrement l'établissement scolaire**
C. Paillole & J. Rimet Meille - 192 p

Es * **Du formateur à l'andragogue** - M. Lemaire - 304 p.

Es * **Échanger des savoirs à l'école** - C. Héber-Suffrin - 256 p.

Es * **École entre autorité et zizanie (L')**
LIFE - 128 p.

S * **École est-elle encore le creuset de la démocratie (L')** - P. Perrenoud - 192 p.

D * **École et société** des politiques aux pratiques
R. Goldstein - 192 p.

Es * **Écrire son journal pédagogique** - M. Barlow - H. Bossière Mabille - 144 p.

Es * **Éducation nouvelle** - Enseigner et (se) former
GFEN - 160 p.

Es * **Éduquer à la confiance** - D. Gobry- 224 p.

Es * **Éduquer à la poésie** - R. Solange Dayres- 112 p.

Es * **Éduquer à la responsabilité**
A.E.R.E. - 176 p. - 2e édition

Es * **Éduquer face à la violence** - Pierre Hardy - 136 p
* **Éduquer face aux drogues et aux dépendances**
G. Van der Straten Waillet - 158 p.

Es * **Élèves "difficiles", profs en difficulté**
M.-T. Auger & C. Boucharlat - 136 p. - 5e édition

S * **Enseigner avec aisance grâce au théâtre**
G. Quentin - 168 p. - 2e édition

Es * **Enseigner et apprendre dans une classe multiculturelle** - M. Honor - 176 p.

S * **Enseigner l'histoire autrement**
A.Dalongeville & M. Huber - 240 p.

Es * **Entrer dans la littérature à l'école**
H. Dupart - 192 p.

S * **Éthique et pratique de l'audit**
M. Lecointe & M. Rebinguet - 192 p.

S * **L'évaluation participative de la formation**
Un outil du management - B. Pique - 192 p.

Es * **L'évaluation scolaire** - Décoder son langage
M. Barlow - 192 p.

S * **Évaluer le projet de notre organisation**
M.-H. Broch & F. Cros - 240 p.

Es * **Exprimer mes désirs, Construire mon projet**
H. Lavoie & M. Denault - 112 p.

S * **Faire de la classe un lieu de vie**
C. Philibert & G. Wiel - 152 p. - 2e édition

Es * **Faire participer l'élève à l'évaluation de ses apprentissages**
C. Doyon & D. Legris-Juneau - 124 p.

S * **Fondements éducatifs pour une société nouvelle**
Y. Bertrand

S * **Formateur d'adultes**
J.-P. Martin & É. Savary - 368 p. - 3e édition

Es * **Formation et communication** - Collectif - 224 p.

S * **Former avec la sophrologie** - Une nouvelle voie pour apprendre - B. Blanc - 208 p.
* **Former des formateurs** - M. Huber

Es * **Gérer la classe, une compétence à développer**
X.Papillon - 264 p.

Es * **Gérer la violence en milieu scolaire**
G. Joie - 128 p.

S * **Guide du maître praticien en PNL**
L. Fèvre, G. Soto & C. Servais - 352 p. - 3e éd.

S * **Guide du praticien en PNL**
L. Fèvre & G. Soto - 272 p. - 5e édition

Es * **Handicaps et vie scolaire** - L'intégration différenciée - P. Bonjour & M. Lapeyre - 192 p.

Es * **Heures de vie de classe**
X. Papillon & G. Grosson - 160 p.

Es * **Histoires de vie et pédagogie du projet**
J. Vassileff - 192 p. - 2e édition

Es * **L'individualisation de la formation**
H. Prévost - 194 p.

Es * **Intervenir en formation** - 3e édition
J.-P. Martin & É.Savary - 224 p.

S * **Itinéraire des pédagogies de groupe** – Tome 1
P. Meirieu - 208 p. - 7e édition

S * **Outils pour apprendre en groupe** – Tome 2
P. Meirieu - 208 p. - 7e édition

S * **Le lecteur accompagné**
D. Vaginay & B. Avitabille - 192 p.

S * **Les lycéens décrocheurs** - La Bouture - 312 p.

Es * **Manuel de la formation en alternance**
F. Tilman - E. Delvaux - 176 p.

Es * **Manuel du responsable d'institution**
M. Garant - 98 p.

S * **Médiation éducative et éducabilité cognitive**
Autour du PEI - Collectif- 168 p.

Es * **Modules d'initiation à la méthodologie scolaire** et à la formation permanente - G. Leperlier

Es * **Moi j'enseigne, mais eux apprennent-ils ?**
M. Saint-Onge - 144 p. - 3e édition

S * **Les nouveaux autodidactes**-G. Le Meur-224 p.

S * **Oser les pédagogies de groupe**
J.-P. Donckele - 200 p.

Es * **Une pédagogie de l'entraide**
A. de la Garanderie - 112 p. - 2e édition

Es * **La pédagogie du projet en formation**
J. Vassileff - 160 p. - 4e édition

S * **Penser avec l'Entraînement Mental** - Collectif
252 p.

S * **Penser l'autoformation**
J. Dumazedier - 176 pages

S * **Penser le projet** - Concepts et outils d'une pédagogie émancipatrice - F. Tilman - 204 p.

S * **Penser la relation expérience-formation** Hélène Bézille - Bernadette Courtois - 256 p.

S * **Penser son expérience** - J. Mezirow - 272 p.

Es * **Les petits groupes d'apprentissage dans la classe** - Collectif - 112 pages - 2e édition

S * **Philosopher, tous capables** - GFEN - 400 p.

Es * **Plaisir de connaître - Bonheur d'être**
A. de la Garanderie - 96 pages

Es * **Pour une éducation à la non violence**
J. Gerber - 176 p. - 2e édition

S * **Pratique d'apprentissage en ligne**
L. Marchand & J. Loisier - 156 p.

Es * **Pratiquer la formation réciproque à l'école**
C. Héber-Suffrin - 228 p.

Es * **Prévenir l'échec scolaire**
X. Chartrain & B. Hubert - 144 p.

S * **Professeur principal** - Exercer au quotidien
M.-H. Broch - 364 p.

S * **Profils d'enseignants, profils d'enseignés**
J.-P. Donckèle - 184 p. - 2e édition

Es * **(Re)découvrir le sens des mots**
A. Grange - 112 p.

Es * **Le récit de vie** - D. Coles & B. Goussault - 184 p.

Es * **Référentiel de métier du chef d'établissement**
F. Rollin - 128 p.

Es * **(Re)penser l'alternance en lycée professionnel**
I. Kerner & J. Gaillard - 192 p.

S * **Repenser la formation**, Nouveaux enjeux individuels et collectifs, stratégies, outils - Cafoc de Nantes - 288 p.

S * **Réussir en langues** - Un savoir à construire
GFEN - 304 p. - 2e édition

Es * **Réussir sa scolarité, (Re) motiver l'élève**
G. Leperlier - 192 p.

Es * **(Se) construire un vocabulaire en langues**
GFEN - 243 p.

Es * **(Se) former dans l'humour**
H. Lethierry - 192 p. - 2e édition

Es * **(Se) former par les situations-problèmes**
A. Dalongeville & M. Huber - 204 p.

Es * **Se (re)connaître par le théâtre**
M. Meirieu - 112 p. - 2e édition

S * **Sortir du mal-être scolaire** - G. Wiel - 132 p.

S * **Théories contemporaines de l'éducation**
Y. Bertrand - 308 p. - 4e édition

Es * **Traité de stratégie à l'usage des enseignants**
P. & X. Papillon - 160 p.

S * **Travailler en équipe à l'école maternelle**
C. Casabo - 196 p.

S * **Travailler en équipe à un projet pédagogique**
M.-H. Broch - 224 p. - 3e édition

Es * **Vittoz et pédagogie** - Vittoz / IRDC - 176 p.

S * **Vivre le lycée professionnel comme un nouveau départ** - G. Wiel - 192 p.

Es * **Vouloir apprendre - Pouvoir se comprendre**
M. Honor - 272 p.

Lectures accompagnées

S * **Le lecteur accompagné**
D. Vaginay & B. Avitabille - 192 p.
* **La gardeuse d'oies - Les six cygnes**
D. Vaginay adaptés des contes de Grimm - 48 p.
* **Le petit Chaperon Rouge - Hansel et Grethel**
D. Vaginay adaptés des contes de Grimm - 48 p.
* **Le Roi Grenouille - Rose-neige et Rouge-Rose**
D. Vaginay adaptés des contes de Grimm - 48 p.

Savoir communiquer

Es * **À quoi sert l'autorité ?** V. Guérin - 224 p.-3e éd.
Es * **Adolescent, amour, sexualité** - Photolangage®
C. Beslile - 48 photos - Un livret
Es * **Améliorer la communication** M Barlow - 184 p.
S * **Animer et participer à la vie de groupe**
C. Maccio - 312 p.
S * **Animer, financer, communiquer un projet**
T. Noce - 264 p.
Es * **Apprendre, se distraire et créer avec le jeu**
10 jeux à fabriquer - A. Bideau - 136 pages
Es * **Archives et documentation** - CARHOP - 160 p.
Es * **Augmenter son efficacité** - Y. Raffestin - 272 p.
Es * **Besoin d'écrire - Désir de (se) dire**
P. Guillaumin - 128 p.
Es * **Une clé pour les maths**
C. Augier & Y. Raffestin - 304 p. - 3e édition
S * **Le code de l'information** - P.-Y. Chereul - 240 p.
Es * **Comprendre l'autre. Réussir ensemble**
E. Dupuy - 256 p.
Es * **Comprendre et maîtriser le bégaiement**
Collectif - 126 p.
Es * **Comprendre la presse** - Informer hier et demain
J.-J. Coltice - 128 p.
S * **Conflit - Comprendre et pouvoir agir** -
R. Michit & T. Comon - 176 p.
Es * **Conflit dans la famille** - B. Trélaün - 160p
S * **Construire ma recherche** - J. Dumazedier
chercheur-accompagnateur - G. Le Meurs - 256 p.
Es * **Créer par la parole** - P. Lebar - 144 p.
Es * **Cultiver sa mémoire** - C. Bizouard - 176 p.-5e éd.
Es * **Deux bouts la relation** - Jean-Luc Mermet - 158 p.
Es * **Développer des relations de coopération en milieu professionnel** - M. Bernard - 112 p.
S * **Développer la fonction tutorale** - Former et intégrer - B. Blanc - 336 p.
Es * **Devenir son propre médiateur** J.Timmermans - 160 p.
Es * **L'écoute - Attitudes et techniques**
J. Artaud - 192 pages - 5e édition
Es * **Écrire au quotidien - Pratiques du journalisme**
Collectif - 144 pages - 2e édition
S * **Écrire et convaincre** - J. Glorieux - 240 p.
Es * **Écrire l'histoire de sa vie** -M. Barlow - 144 p.
Es * **Écrire une recherche**
M. Lani-Bayle - 152 p.- 2e édition
S * **Élaborer un projet, guide stratégique**
T. Noce & P. Paradoswki - 432 p.
S * **Exercer une responsabilité** - C. Maccio - 416 p.
Es * **Faire parler l'enfant retardé mental**
J.-A. Rondal - 144 pages
Es * **Le Français pour tous** -R. Burfin - 248 p. - 4e éd.
S * **Gérer le risque alcool au travail**
J.-P. Jeannin - 398 p.
S * **Gestion prévisionnelle des emplois et des compétences** - Agefos PME - CGPME - 176 p.
Es * **La grammaire expliquée** - Notions et exercices
M. Poirier - 240 p. - 2e édition
Es * **Guide de l'animateur de groupes** - C. Maccio-128 p.
Es * **Guide pratique de l'écrit**
J.-Y. Bonnamour - 200 p. - 2e édition
S * **Lire et comprendre** - J. Glorieux - 288 p.
D * **L'homme réseau** - Penser et agir dans la complexité - E. Duits - 160 pages
Es * **Invitation à l'expression orale**
C. Bizouard - 144 pages - 7e édition
Es * **Jeux coopératifs pour bâtir la paix** - Université de Paix Namur - 288 p.
S * **Manager le changement, changer le management**
Agefos - 160 pages
S * **Management durable**, A. Astouric 128 p.
Es * **Mieux gérer son temps** - F. Tlatli - 164 p. - 2e éd.
Es * **Mieux prendre la parole en public**
J.-P. Berrou - 152 p.
Ev * **Organisation et responsabilités**
C. Maccio - Guy Nauche - 64 p.
Es * **Oser la relation**, Exister sans écriser - I. & B. Eliat-Serck - 128 p.
Es * **Un parcours pour l'embauche**
M. Bourse - 176 p.
Es * **Peindre et comuniquer avec des personnes âgées** – N. Lairez-Sosiewicz - 88 p.s
S * **PME et dialogue social**
M. Sandeau & H. Lasserre - 232 p.
S * **Pratique de l'expression**-C. Maccio-308p.-5e éd.
Es * **Pratiquer le dialogue** - Arts plastiques, écriture
O. & M. Neumayer - 256 p.
S * **Pratiquer le théâtre avec des personnes en difficulté** - M. Reynaud - 208 p.
S * **90 jeux d'écriture** - P. Frenkiel - 160 p.
Es * **Quels repères pour grandir**
P. Béague - Fondation Dolto - 112 p.
Es * **Réaliser un projet accueil petite enfance**-C. Schuhl - 120 p.
Es * **La relation à l'autre - L'Implication Distanciée**
M. Germain-Thiant et M. Gremillet-Parent - 128 p.
Es * **Relaxation sophrologique**
J.-P. Blanchet - 136 p. - 4e édition
Es * **Renforcer la cohérence d'un texte**
L. Pépin - 132 pages
Es * **Repérer et accompagner les troubles du langage** - D.-A. Romagny - 176 p.
S * **Des réunions plus efficaces**
C. Maccio - 256 p. - 3e édition
Es * **Réussir la qualité par tous**
B. Jacquin-Ravot - 144 p.
Es * **Réussir l'analyse d'un texte**
A. Grange - 192 pages
Es * **Réussir le résumé de texte et la note de synthèse** - J. Profit - 144 pages - 8e édition
Es * **Réussir son mémoire professionnel**
A. Maffre - 144 pages - 2e édition
Es * **Sanctionner sans punir** - É. Maheu - 232 p.
2e éd.
Es * **Savoir écrire un lire, un rapport, un mémoire...**
C. Maccio - 176 pages - 4e édition
Ev * **Savoir rédiger** - Une possibilité pour tous
R. Burfin - 112 pages - 5e édition
S * **Se former à l'écrit** - 98 fiches - C. Bezsonoff - 352 p.
Es * **(Se) former à l'entretien**-M. Germain-Thiant-140 p.
S * **Techniques de la vie en groupe** - C. Maccio - 312 p.
S * **Territoires et dialogue social** - H. Jacot - 160p
S * **Vivre - Accompagner un projet** I. Gillet & S. Scoyez - 260 p.
Es * **Vivre la communication** - Colette Bizouard - 160 pages - 7e édition

Savoir penser

Es * **Agir avec Joseph Folliet**
Association Les amis de J. Folliet - 128 p.
Es * **Agir avec Keynes** - F. Lehouck - 112 p.
S * **Agir avec Mounier** - Jean-François Petit - Rémy Valléjo - 144 p.
Es * **Agir avec Proudhon** - J. Langlois - 208 p.
Es * **Comprendre le propre de l'Homme**
M. Bouderlique - 96 p.
Es * **Comprendre les systèmes politiques**
F. Amanrich - 128 p.
Es * **Connaître le Réel** - Mythes ou réalités
G. Tiry - 128 p.
Es * **De l'individu à la personne** - C. Maccio - 224 p.
S * **Les doctrines du pouvoir politique** - Du totalitarisme à la démocratie - M. Richard - 192 p.
S * **Le marxisme** - Théorie de la pratique révolutionnaire
J. Guichard - 304 p. - 4e édition - 30e mille
Es * **Penser avec Arendt et Lévinas**
F. Poché - 128 p. - 2e édition
Es * **Penser et agir avec Illich** - M. Dardenne & G. Trussart - 152 p.
Es * **Penser avec Lévinas** - L. Fèvre
S * **Penser avec Mounier**
J.-F. Petit - 176 p.
S * **Penser avec Ricoeur**- L. Févre - 208 p.
S * **Penser le devenir de l'Humanité**
C. Maccio - 256 p.
S * **Penser le devenir de la Personne**
C. Maccio - 224 p.
Es * **Penser librement** - Phan Huy Duong - 208 p.
Es * **Penser par soi-même** - Initiation à la philosophie
M.Tozzi - 224 p. - 6e édition
S * **Le personnalisme** - Sources - Fondements Actualité - J. Lacroix - 152 p.
Es * **Reconstruire la dignité** - F. Poché - 160 p.
S * **Le Socialisme** - Histoire - Courants - Pratiques
A.Samuel - 472 p.

Chez le même éditeur

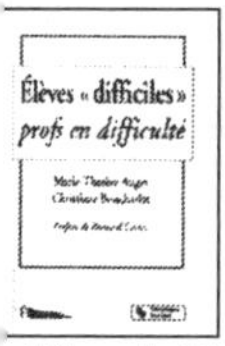

136 p. 5ᵉ éd.
L'essentiel

Élèves « difficiles » profs en difficulté - M.T. Auger et C. Boucharlat

Ce livre s'adresse aux enseignants désireux de mieux vivre avec les élèves « difficiles », enseignants débutants, ou enseignants qui se trouvent à un moment ou un autre confrontés à des difficultés.

Les auteurs s'appuient sur leur expérience d'enseignantes puis de formatrices : au cours de nombreux stages, elles ont dialogué avec des centaines d'enseignants qui ont pu exprimer leurs interrogations, leurs doutes, leur désarroi face à des élèves qu'ils ressentent comme de plus en plus « difficiles ». Elles ont aussi rencontré de nombreux enseignants qui réussissent avec ces élèves, jouant auprès d'eux un rôle déterminant.

Cet ouvrage a pour objectif de permettre aux enseignants confrontés à des difficultés de :
- changer de regard sur les élèves « difficiles », par une meilleure connaissance des phénomènes psychologiques et sociaux éclairant leurs comportements individuels et collectifs et leurs réactions face à l'école,
- prendre conscience que de nombreux enseignants rencontrent les mêmes difficultés et parviennent à les surmonter,
- s'approprier des méthodes qui leur permettront de mieux communiquer avec les élèves « difficiles », dans une relation plus « égalitaire », où ceux-ci sont pris en compte en tant que personne et où la négociation remplace les rapports de force et l'usage du pouvoir.

Conflit - Mettre hors-jeu la violence

44 p. 3ᵉ éd.
L'essentiel

B. Bayadat - A.C. Bisot - G. Boubault - G. Gagnaire

Quand on évoque le mot "conflit", on imagine facilement des situations de violence : agressions, situations sociales tendues ou même guerres entre pays... Il y a souvent **confusion entre violence et conflit**. Pourtant, le conflit fait partie de la vie. C'est le résultat de la confrontation des besoins, des intérêts ou des valeurs. L'image souvent négative que nous en avons nous conduit à en avoir peur et nous cherchons à le fuir. Il est vrai que certaines situations mettent en jeu de puissants rapports de forces, notamment dans les luttes pour la défense des droits humains ou pour le développement de relations plus justes.

Conflit, mettre hors-jeu la violence décrit ce qu'est l'approche non-violente du conflit. Apprendre à écouter, à exprimer ses sentiments, à négocier, à être médiateur... telles sont quelques-unes des aptitudes nécessaires. L'objectif est qu'au-delà de leur opposition et hors de tout débordement de violence les protagonistes puissent **être capables de chercher ensemble une solution**. L'enjeu est de faire évoluer sensiblement les rapports humains et sociaux vers davantage de justice en mettant hors-jeu la violence.

Ce livre comprend, à partir de nombreuses expériences, des analyses, des repères pour changer l'approche du conflit et sa résolution.

Cet ouvrage s'adresse aux personnes concernées par les conflits dans leur vie personnelle ou professionnelle. Il répond également aux préoccupations des particuliers et organismes qui cherchent comment **prévenir la violence individuelle et sociale et éduquer à la résolution non-violente des conflits.**

Chez le même éditeur

112 p. L'essentiel

Développer des relations de coopération en milieu professionnel - Sortir des rapports de force

Michel Bernard

Au sein d'un lieu de travail, comment sortir des rapports de forces sans fuir en se respectant soi et l'autre? Quels sont les moyens pertinents à l'usage des managers pour contribuer de manière concrète à cultiver le capital confiance, terreau de relations de coopération et de dynamique collective?

Aujourd'hui, le courant en pleine émergence en Europe de l'**intelligence émotionnelle** offre aux responsables, aux managers et à tous les acteurs professionnels la possibilité de **mieux percevoir** les obstacles relationnels pour ensuite **mieux communiquer**, **mieux négocier** et ainsi **vivre plus sereinement** le quotidien.

À travers la définition et l'illustration d'*outils pratiques de communication et de négociation* ainsi que de *nombreux exemples* puisés dans son expérience professionnelle et dans le cadre de stages de formation qu'il anime, l'auteur ouvre des fenêtres et invite chacun à sortir des impasses des « jeux » de pouvoir, pour vivre plus de coopération saine en milieu professionnel, source d'épanouissement personnel et collectif.

168 p. 2° éd.
L'essentiel

Enseigner avec aisance grâce au théâtre - **Gérard Quentin**

Il est assez paradoxal que la **formation à la communication** avec un public se soit développée en laissant pratiquement de côté les enseignants. C'est un domaine essentiel pour eux. Chacun constate combien il est différent de connaître une chose et de la transmettre à un groupe. Un des moyens susceptibles de résoudre les problèmes de communication dans l'enseignement consiste à **proposer aux enseignants une formation théâtrale adaptée à leur rôle.**

Cet ouvrage s'appuie sur une expérience réalisée depuis plusieurs années avec des enseignements de tous les cycles. A partir d'un itinéraire personnel, l'auteur a réuni ce qui, dans différentes écoles de théâtre (Grotovsk, Stanislavski, Chékov, Actor's Studio) et dans d'autres disciplines artistiques, peut servir le plus à cette formation.

Outre les problèmes posés par la voix, sont abordés ceux qui sont liés à la présence, à la confiance en soi, à l'imaginaire et à l'improvisation, à la défense d'un texte, dans des ambiances perturbées, aux postures corporelles, à l'attention et à la concentration, à l'échauffement et à la détente tant physiques que mentales, à la gestion du souffle, à l'utilisation de la vidéo. A chaque problème est proposée une **démarche sous forme de jeux à pratiquer seul ou en groupe.**

Cet ouvrage s'adresse, en tout premier lieu, à tous ceux qui éprouvent des difficultés à communiquer avec un groupe. À travers l'itinéraire original proposé, il intéresse aussi les formateurs.